LUCIANO DE FREITAS SANTORO

JUSTIÇA PENAL
Princípios, história e teorias da pena

S237
    Santoro, Luciano de Freitas
    Justiça penal: Princípios, história e teorias da pena./Luciano de Freitas Santoro. 1ª ed. (ano 2019). São Paulo: Independently published, 2019.
    140p.

    1. Justiça Penal. 2. Evolução Histórica. 3. Princípios Penais. 4. Teorias da Pena. 5. Prevenção.

ISBN: 9781690829591

LUCIANO DE FREITAS SANTORO

Doutor e Mestre em Direito Penal pela Pontifícia Universidade Católica de São Paulo; Pós-graduado em Direito Penal Econômico e Europeu pela Universidade de Coimbra; Especialista em Direito Penal pela Escola Superior do Ministério Público de São Paulo; Graduado em Direito pela Pontifícia Universidade Católica de São Paulo; Professor universitário; Advogado.

JUSTIÇA PENAL
Princípios, história e teorias da pena

Para as minhas meninas. Sempre.

"A justiça sustenta numa das mãos a balança que pesa o direito, e na outra, a espada de que se serve para o defender. A espada sem a balança é a força brutal; a balança sem a espada é a impotência do direito" (Rudolf von Ihering).

SUMÁRIO

INTRODUÇÃO... 01

CAPÍTULO I – A JUSTIÇA PENAL NO ESTADO DEMOCRÁTICO DE DIREITO.................. 03
   I.1 Princípios penais e processuais penais.. 05
   I.2 A internacionalização da justiça penal.. 20

CAPÍTULO II - BREVE PASSEIO DA VINGANÇA PRIVADA AOS INIMIGOS DE HOJE......... 27
   II.1 – Evolução histórica do direito penal.. 27
      II.1.1 – O homem primitivo.. 27
      II.1.2 – Antiguidade... 31
      II.1.3 – Idade Média... 35
      II.1.4 – Absolutismo... 40
   II.2 – As Escolas Penais... 42
      II.2.1 – Escola clássica 43
      II.2.2 – Escola positiva 46
      II.2.3 – *Terza scuola italina*.. 48
      II.2.4 - Correcionalismo... 48
      II.2.5 – Teoria Socializadora.. 53
      II.2.6 – Tecnicismo jurídico-penal... 55
      II.2.7 - A defesa social... 59
   II.3 – Movimentos de política criminal nos Estados Unidos no século 20. 64
   II.4 – O direito penal do inimigo... 67
   II.5 – O direito penal de emergência.. 72

CAPÍTULO III – FINALIDADES E LIMITES DA PENA ESTATAL............................ 81
   III.1 – Finalidades retributivas e preventivas da sanção penal................. 82
      III.1.1 – Teoria Absoluta ou Teoria Retributiva........................... 82
      III.1.2 – Teorias Relativas.. 89
      III.1.2.1 – Prevenção geral.. 89
      III.1.2.2 – Prevenção especial.. 99
      III.1.2.3 – Teorias unificadoras ou ecléticas............................ 103
   III.2 – Finalidade(s) da pena no direito penal brasileiro...................... 109

CONCLUSÃO.. 119

BIBLIOGRAFIA.. 122

INTRODUÇÃO

A presente obra tem origem na tese de doutorado "Justiça Restaurativa e os Crimes Econômicos", defendida na Pontifícia Universidade Católica de São Paulo, em 2018, e aprovada com nota máxima pela banca examinadora, presidida pelo orientar Professor Doutor Oswaldo Henrique Duek Marques.

Mas não apenas. No dia a dia do magistério, percebeu-se a carência que os estudantes e amantes do direito têm para encontrar um livro que lhes propiciasse conhecer temas importantes e fundamentais do direito penal, mas que por vezes ficam relegados a um segundo plano, em face de um (cada vez mais) enxuto conteúdo programático das universidades brasileiras, que privilegia o estudo do direito posto à formação da base do discente.

Assim, nasceu a ideia de publicar uma obra que contemplasse uma pesquisa de fôlego, mas que fosse de fácil entendimento, com apenas o conteúdo considerado fundamental para a compreensão do direito de punir contemporâneo, sem deixar de indicar as fontes para o leitor, caso seja seu desejo aprofundar o estudo de algum tema aqui tratado.

No primeiro capítulo, intitulado "A Justiça Penal no Estado Democrático de Direito", buscar-se-á delimitar o direito de punir dentro desse modelo de Estado. Partindo-se do pressuposto de que a palavra justiça significa "a qualidade de quem vive, age, atua ou se comporta de acordo com o direito"[1] e que o fundamento do direito é servir à Justiça[2], enfrentar-se-á a Justiça Penal dentro do Estado Democrático de Direito,

---

[1] Tradução livre de: "*la cualidad de quién vive, actúa o se comporta de acuerdo con el Derecho, es decir, aquella calidad que manifiesta una situación perdurable: Justicia es propiedad inherente al comportamiento de quien actúa en la dirección de las relaciones vitales*" (POLAINO NAVARRETE, Miguel. *Derecho penal*: parte general. Tomo I. Barcelona: Bosch, 1984, p. 111).
[2] Ibid., p. 112.

com os princípios que lhe caracterizam, sem prejuízo de reconhecer sua internacionalização.

No segundo capítulo, o leitor poderá viajar ao longo da história do direito penal, iniciando pela passagem da vingança privada à vingança pública (dos povos primitivos à antiguidade). Posteriormente, a Idade Média e o Absolutismo serão estudados, quando o leitor perceberá, ante as atrocidades lá praticadas, a importância de serem resguardados as garantias e os direitos fundamentais, preservando-se não apenas o corpo do condenado (e muitas vezes, apenas acusado) e a sua liberdade, mas principalmente a sua dignidade.

Ainda no capítulo II, o leitor conhecerá as principais escolas penais que influenciaram o legislador brasileiro. O objetivo aqui foi ir além do básico dos manuais e demonstrar, ainda que sem qualquer pretensão de exaurir o tema, os principais expoentes e características, de forma simples e didática.

E reservou-se para o final deste capítulo, o estudo de três temas interessantíssimos e polêmicos: a adoção na legislação norte-americana da "three strikes law"; o direito penal emergência; e, por fim, o direito penal do inimigo.

No capítulo final ("Finalidades e limites da pena estatal"), serão objeto de estudo as finalidades da pena no Direito Penal brasileiro, restringindo-se a pesquisa ao estudo das teorias absoluta (retributiva), relativas (prevenção especial e geral) e unificadora ou eclética. Serão feitas as necessárias reflexões sobre essas finalidades, considerando-se as características específicas do autor de um crime econômico. O capítulo termina com o estudo da(s) finalidade(s) da pena no Direito Penal brasileiro.

Por fim, apenas por rigor metodológico, deve ser informado que foram realizadas pesquisas no campo jurídico, empregando-se a revisão bibliográfica com a consulta a obras nacionais e estrangeiras. A legislação também se mostra uma fonte fundamental para a presente pesquisa, assim como as convenções e tratados internacionais. A análise histórica servirá para ilustrar o trabalho e fundamentar a hipótese, assim como o direito comparado. Da mesma forma, a citação de dados estatísticos eventualmente será realizada para embasar afirmações.

CAPÍTULO 1

A JUSTIÇA PENAL NO ESTADO DEMOCRÁTICO DE DIREITO

A República Federativa do Brasil, cujo poder emana do povo, constitui-se em Estado Democrático de Direito e tem por fundamentos a soberania, a cidadania, a dignidade da pessoa humana e o pluralismo político, conforme o artigo inicial de sua Carta Política, o que reflete na interpretação e aplicação de todo o ordenamento jurídico, inclusive no âmbito da análise dos fatos jurídico-penais.

O reconhecimento e a proteção da **dignidade da pessoa humana** apresentam-se como uma conquista da razão ético-jurídica, como forma de reação às violências perpetradas contra o ser humano ao longo da história[3]. A dignidade é inerente à essência da pessoa, tida como condição irrenunciável e inalienável, e o seu conteúdo relaciona-se às manifestações da personalidade do ser humano, isto é, valor próprio que identifica o ser humano como tal e o protege de condutas indignas e de ser rebaixado à condição de simples objeto, tratando-se de paradigma referencial e ético[4].

---

[3] SANTORO, Luciano de Freitas. *Morte digna*: o direito do paciente terminal. 1. ed. 2. reimpr. Curitiba: Juruá, 2012, p. 64.

[4] Em nossa pesquisa anterior, ainda no curso de Mestrado, cuja dissertação recebeu o título "Ortotanásia e os limites ao dever de agir do médico", que posteriormente foi publicada sob o título "Morte digna: o direito do paciente terminal" (citado acima) foi realizado estudo apurado sobre o conceito e as funções de dignidade da pessoa humana. Adota-se e remete-se à conceituação jurídica de dignidade realizada por Ingo Wolfgang Sarlet: "*Assim sendo, tem-se por dignidade da pessoa humana a qualidade intrínseca e distintiva reconhecida em cada ser humano que o faz merecedor do mesmo respeito e consideração por parte do Estado e da comunidade, implicando, neste sentido, um complexo de direitos e deveres*

Por viver em sociedade, e possuírem todas as pessoas a mesma dignidade[5], tem o homem o dever de respeitar e o direito de ser respeitado por todos os demais membros da sociedade, o que se traduz em uma obrigação geral de respeito ao próximo, ou melhor, o próprio fundamento da liberdade, da justiça e da paz no mundo.

A dignidade da pessoa humana, prevista como fundamento da República Federativa do Brasil, é princípio cogente e obriga não apenas a que todo o ordenamento jurídico a respeite, independentemente da norma, sob pena de manifesta inconstitucionalidade, mas também será entendida como o denominador comum de todas as garantias e direitos fundamentais, apresentando, pois, dupla função: limitadora e prestacional. A primeira exige do Estado, da sociedade, e, há quem defenda, do próprio indivíduo, o respeito à dignidade da pessoa humana[6], enquanto a segunda diz respeito à promoção e à realização de uma vida com dignidade, o que seria de responsabilidade do Estado e da sociedade. Portanto, o princípio da dignidade da pessoa humana impõe tanto um dever de abstenção do Estado em ingerências individuais contrárias à dignidade pessoal, quanto o dever de protegê-lo contra agressões injustas, o que importa na "obrigação de promover condições que viabilizem e removam toda sorte de obstáculos que impedem as pessoas de viver com dignidade"[7].

Em consequência, segundo esse princípio fundamental, como ensina José Joaquim Gomes Canotilho, o indivíduo é reconhecido como limite e fundamento do domínio político da República, "que é uma

---

fundamentais que assegurem a pessoa tanto contra todo e qualquer ato de cunho degradante e desumano, como venham a lhe garantir as condições existenciais mínimas para uma vida saudável, além de propiciar e promover sua participação ativa e co-responsável nos destinos da própria existência e da vida em comunhão com os demais seres humanos" (SARLET, Ingo Wolfgang. As dimensões da dignidade da pessoa humana: uma compreensão jurídico-constitucional aberta e compatível com os desafios da biotecnologia. In: SARMENTO, Daniel; PIOVESAN, Flávia. (Org.). *Nos limites da vida*: aborto, clonagem humana e eutanásia sob a perspectiva dos direitos humanos. Rio de Janeiro: Lumen Juris, 2007, p. 236-237.
[5] *"Artigo 1º Todas as pessoas nascem livres e iguais em dignidade e direitos. São dotadas de razão e consciência e devem agir em relação umas às outras com espírito de fraternidade"* (Declaração Universal dos Direitos Humanos).
[6] Nesse sentido são as lições de Luiz Antônio Rizzato Nunes (NUNES, Luiz Antônio Rizzato. *O princípio constitucional da dignidade da pessoa humana*. São Paulo: Saraiva, 2002, p. 50).
[7] SARLET, Ingo Wolfgang. *Dignidade da pessoa humana e direitos fundamentais na Constituição Federal de 1988*. 4. ed. Porto Alegre: Livraria do Advogado, 2006, p. 110-111.

organização política que serve o homem, não é o homem que serve os aparelhos político-organizatórios"[8]. A sua previsão como o primeiro e maior dos princípios do ser humano impõe limitação da esfera de intervenção do Estado, inclusive no âmbito do poder punitivo.

No exercício da função de Justiça Penal, o Estado deve aplicar o direito e o processo penal, inclusive a execução penal, e ter presente o fundamento maior da dignidade da pessoa humana no Estado Democrático de Direito, o que impõe adotar uma intervenção mínima sancionadora, a resolução do processo criminal com harmônica aplicação de uma Constituição cidadã e garantista e da efetividade, "não importunando o inocente e, nunca olvidando, que o autor de um fato em tese criminoso, pode ter sua conduta reprovada, mas conserva integralmente aquela mesma dignidade que é um atributo do homem"[9].

I.1 - Princípios penais e processuais penais

Como Estado Democrático de Direito, o Brasil resguarda em seu Texto Maior[10] valores éticos considerados basilares e essenciais para a construção desse modelo de Estado, os quais devem ser tidos como paradigmas na relação da Justiça Penal, culminando com a presença dos princípios e garantias constitucionais que irão informar e nortear a aplicação do direito penal e do direito processual, e

---

[8] CANOTILHO, José Joaquim Gomes. *Direito constitucional e teoria da Constituição*. 7. ed. Coimbra: Almedina, 2003, p. 225.
[9] PENTEADO, Jaques Camargo. A dignidade humana e a justiça penal. In: MIRANDA, Jorge; SILVA, Marco Antônio Marques da. (Coord.). *Tratado luso-brasileiro da dignidade humana*. 2. ed. São Paulo: Quartier Latin, 2009, p. 899.
[10] "*A Constituição de um país – segundo exprimia Pelegrino Rossi, é tête de chapitre de todas as disciplinas do Direito, visto que traz inscritas em seus textos e cânones, normas reguladoras, de caráter geral, para os diversos setores da ordem jurídica (...). É que a Lei Maior contém em si os fundamentos institucionais e políticos de toda a legislação ordinária, mormente quando se coloca, com normatividade rígida, no ponto culminante da hierarquia das fontes do Direito, tal como sucede, entre nós, desde a promulgação da primeira de nossas Constituições republicanas. Pela preeminência em que se situa na taxinomia das normas legais, a Constituição não só traça preceitos que funcionam como fontes formais de diversos domínios da regulamentação jurídica, como ainda se apresenta com os predicados de fonte material em que o legislador vai abeberar-se para construir regras e mandamentos destinados a disciplinar legalmente relações de vida e fatos sociais submetidos aos incoercíveis imperativos da ordem estatal*". (MARQUES, José Frederico. Os princípios constitucionais da justiça penal. In: _____. *Estudos de Direito Processual Penal*. 2. ed. Campinas: Millenium, 2001, p. 39.

estabelecer os limites de atuação do Estado[11].

Nesse modelo de Estado, impõe-se o respeito aos direitos fundamentais, que, por terem como objeto imediato um bem específico da pessoa, são, todavia, meramente declaratórios, impondo-se a coexistência de garantias fundamentais que lhes asseguram indiretamente e facultem ao indivíduo exigir do Estado o respeito ao direito que instrumentalizam. "Esta estrutura formulada de acordo com os princípios constitucionais estabelecidos permite que o acesso à justiça seja concretizado com a solução dos conflitos. Estes, no âmbito penal, se estabelecem entre o réu e o Estado"[12].

Reconhece-se às normas de direitos fundamentais uma dupla dimensão normativa, subjetiva e objetiva, dentro de um sistema de princípios que se irradiam por todo o direito, dando-lhe o contorno e inspirando a criação e a aplicação da norma[13]. Etimologicamente, esse é o significado da palavra "princípio"[14]:

> No sentido jurídico, notadamente no plural, quer significar as normas elementares ou os requisitos primordiais instituídos como base, como alicerce de alguma coisa. E, assim, princípios revelam o conjunto de regras ou preceitos, que se fixaram para servir de norma a toda espécie de ação jurídica, traçando, assim, a conduta a ser tida em qualquer operação jurídica. Desse modo, exprimem sentido mais relevante que o da própria norma ou regra jurídica. Mostram-se a própria razão fundamental de ser das coisas jurídicas, convertendo-se em perfeitos axiomas.

---

[11] Nesse sentido: "*o poder punitivo do Estado decorre do conjunto de poderes que lhe atribuiu a Constituição Federal para criar e aplicar o direito penal, sendo a criação das normas competência exclusive do poder legislativo, enquanto sua aplicação é do poder judiciário. Entretanto, este conjunto de poderes não é ilimitado, mas seus limites e extensão são definidos através dos princípios que decorrem dos fundamentos apontados no art. 1º da Constituição Federal de 1988*". (SILVA, Marco Antônio Marques da. *Acesso à justiça penal e estado democrático de direito*. São Paulo: Juarez de Oliveira, 2001, p. 6).
[12] Ibid.
[13] "*Os princípios constitucionais – dir-se-ia por outras palavras – erguem-se a determinantes herónomas de concretização do direito originário*" (CANOTILHO, José Joaquim Gomes. Justiça constitucional e justiça penal. *Revista Brasileira de Ciências Criminais*. São Paulo, v. 14, n. 58, p. 341, jan./fev., 2006.
[14] SILVA, De Plácido e. *Vocabulário jurídico*. 4. ed. Rio de Janeiro: Forense, 1975, p. 1220.

Os princípios compreendem os fundamentos da ciência jurídica, onde se firmaram as normas originárias ou leis científicas do direito, que traçam as noções de estrutura do próprio direito, razão pela qual não necessariamente precisam estar expressos nas leis, até porque, servindo de base para o direito, são tidos como preceitos fundamentais para a prática e proteção do direito[15].

Luiz Luisi ressalta "que a presença da matéria penal nas Constituições contemporâneas se faz através de princípios especificamente penais, ou seja, de princípios de direito penal constitucional e de princípios constitucionais influentes em matéria penal"[16]. Os primeiros, especificamente penais, podem estar expressos ou implícitos no texto da Magna Carta, enquanto que os segundos não são propriamente penais, mas se referem ao conteúdo das incriminações, no sentido de orientar o legislador a elaborar normas penais destinadas à proteção de valores transindividuais, e de tutela de bens de relevância social[17], como, por exemplo, o meio ambiente, a atividade econômica, o trabalho, entre outros.

Entre os princípios penais explícitos, encontramos a legalidade, a anterioridade, a retroatividade da lei penal benéfica, a personalidade, a individualização da pena, a humanidade. E, entre os implícitos, podemos citar: intervenção penal mínima, fragmentariedade, culpabilidade, taxatividade, proporcionalidade e *"non bis in idem"*.

De acordo com o **princípio da legalidade ou reserva legal**, nenhum fato pode ser considerado crime e nenhuma pena pode ser aplicada sem a instituição por lei da conduta considerada delitiva e de sua respectiva pena, limitando o poder do Estado de interferir na esfera das liberdades individuais.

A origem do princípio da legalidade provoca, na doutrina, discussões sobre qual teria sido a primeira vez em que se garantiu a necessidade de previsão das normas penais incriminadoras e sancionadoras. Nelson Hungria defendia que o princípio da legalidade teve origem no direito romano, mais precisamente quando a jurisdição

---

[15] Ibid.
[16] LUISI, Luiz. *Os princípios penais constitucionais*. Porto Alegre: Sergio Antônio Fabris, 1991, p. 10.
[17] *"Para a concreção dessas indicações constitucionais o legislador ordinário deverá editar normas de caráter civil prevendo indenizações, de caráter tributário prevendo tributos especiais e multas etc., e, também, se efetivamente necessário, normas incriminadoras"* (Ibid., p. 11).

penal passou para o tribunal de jurados, em substituição ao governo dos magistrados e ao tribunal do povo, e um fato somente podia ser punido se estivesse incriminado[18]. Basileu Garcia, por seu turno, reconhecia na Carta Magna de 1215, do Rei João Sem-Terra, da Inglaterra, a potencial origem desse princípio, na medida em que preceituava que nenhum homem livre poderia ser preso ou privado de sua propriedade, a não ser pelo julgamento de seus pares, embora entendesse que à Revolução Francesa caberia a "glória de haver incorporado realmente o referido princípio às cartas políticas aos códigos penais de todo o mundo civilizado"[19]. Para Frederico Marques, a origem do instituto deu-se no direito medieval, mais precisamente nas instituições do direito ibérico[20]:

Entretanto, a doutrina é pacífica no sentido de que o princípio da legalidade, como se entende atualmente, tem origem no pensamento iluminista do século 18, despontando com a ideia de proteção do indivíduo ante os abusos e arbítrios do Estado, como se observa na obra de Beccaria: "Só as leis podem fixar as penas de cada delito e que o direito de fazer leis penais não pode residir senão na pessoa do legislador, que representa tôda a sociedade unida por um contrato social"[21].

Atribui-se a fórmula latina do princípio da legalidade, qual seja, *nullum crimen nulla poena sine lege*, a Feuerbach. Todavia, deve ser feita a ressalva de se tratar de uma conjugação de três enunciados criados pelo jurista alemão (*nulla poena sine lege, nullum crimen sine poene legali e nulla podena (legalis) sine crimine*), os quais deram origem à atual expressão[22].

---

[18] HUNGRIA, Nelson. *Comentários ao Código Penal*. 4. ed. Vol. I. Tomo I. Rio de Janeiro: Forense, 1958, p. 35.
[19] GARCIA, Basileu. *Instituições de Direito Penal*. 2. ed. rev. e atual. Vol. I. Tomo I. São Paulo: Max Limonad, 1954, p. 136.
[20] *"Nas Cortes de Leão, em 1186, declara Afonso IX, sob juramento, que não procederia contra a pessoa e propriedade de seus súditos, enquanto não fossem chamados 'perante a Cúri'. E nas Cortes de Vallodolide foi proclamado, em 1299, que ninguém pode ser privado da vida ou propriedade enquanto sua causa não for apreciada segundo o fuero e o Direito. Em 1351, essas mesmas Cortes pediram a Pedro I que ninguém fosse executado ou preso sem investigação do foro e direito, no que acedeu o rei. E essa promessa foi depois renovada com ênfase por Henrique II, nas Cortes de Toro, em 1371"* (MARQUES. José Frederico. *Tratado de Direito Penal*. Vol. I. São Paulo: Saraiva, 1964, p. 161).
[21] BECCARIA, Cesare Bonesana. *Dos delitos e das penas*. Tradução Paulo M. de Oliveira. Rio de Janeiro: Tecnoprint Gráfica Editora, 1980, p. 35. (Coleção Clássicos de Ouro).
[22] ZAFFARONI, Raul; BATISTA, Nilo et al. *Direito Penal Brasileiro*. 3. ed. Vol. I. Rio de Janeiro: Revan, 2006, p. 202.

Muito embora tenha sido um dos postulados do pensamento iluminista e dos movimentos liberais do final do século 18 e início do século 19, foi possível constatar ao longo do século passado países desrespeitando o princípio da legalidade. Na Alemanha, entre os anos de 1935 e 1946, com a ascensão do Regime Nacional Socialista, permitiu-se o uso de princípios ético-sociais como condicionantes das punições. Já na Rússia Soviética, entre 1926 e 1958, permitia-se o uso da analogia.

Até mesmo no Brasil – que previu o princípio da legalidade em todas as suas Constituições, desde a de 1824 –, o princípio foi desrespeitado quando da edição do Decreto-lei n. 4.766/42, a famigerada Lei de Segurança Nacional: "Art. 67. Esta lei retroagirá, em relação aos crimes contra a segurança externa, à data da ruptura de relações diplomáticas com a Alemanha, a Itália e o Japão".

Além disso, os Tribunais de Tóquio e Nuremberg também afrontaram a legalidade, como delineado por Nelson Hungria:

> O Tribunal de Nuremberg há de ficar como uma nódoa da civilização contemporânea: faz *tabula rasa* do *nullum crimen nulla poena sine lege* (com um improvisado *Plano de julgamento*, de efeito retroativo, incriminou fatos pretéritos e impôs aos seus autores o 'enforcamento' e penas puramente arbitrárias); desatendeu ao princípio da 'territorialidade da lei penal'; estabeleceu a responsabilidade penal a indivíduos participantes de tais ou quais associações, ainda que alheios aos fatos a eles imputados; funcionou em nome dos vencedores, que haviam cometido os mesmíssimos fatos atribuídos aos réus; suas sentenças eram inapeláveis, ainda quando decretavam a pena de morte[23].

Efetivamente, o princípio da legalidade veio como garantia dos cidadãos em face do Estado. Mas, hoje, dentro de um Estado de Direito, como expõe Andrei Zenkner Schmidt, não tem apenas essa função: em verdade, o princípio da legalidade regula a atividade estatal,

---

[23] HUNGRIA, Nelson. *Comentários ao Código Penal*. 4. ed. Vol. I. Tomo I. Rio de Janeiro: Forense, 1958, p. 31.

em suas esferas administrativa, legislativa e judicante, tratando-se de um regulador da sociedade (art. 5, II, CF)[24].

Portanto, é um princípio dicotômico, no sentido de instituir poderes e deveres: do Estado, que, por meio de seu Poder Legislativo, pode editar normas incriminadoras e sancionadoras e, por meio do Judiciário, julgar as infrações penais; da sociedade, que se encontra garantida contra a existência de infração penal, sem que exista lei editada regularmente, além de ser julgada por órgão competente e respeitados os princípios constitucionais, entre eles o do devido processo legal.

Não adiantaria nada a previsão do princípio da legalidade, sem que se obrigasse a lei a ser anterior à prática delitiva. Assim, o **princípio da anterioridade** estabelece que a lei que institui o crime e a pena deve ser anterior ao fato que se quer punir, culminando então com o enunciado *"nullum crimen, nulla poena sine lege praevia"*, resguardado na Constituição, no artigo 5°, inciso XXXIX ("não há crime sem lei anterior que o defina, nem pena sem prévia cominação legal") e no artigo 1° do Código Penal.

Por seu turno, a garantia da **retroatividade da lei penal benéfica** possibilita que a lei penal volte no tempo para favorecer o agente, ainda que o fato tenha sido decidido por sentença penal condenatória transitada em julgado (art. 5°, XL, CF e art. 2° CP). Denomina-se *abolitio criminis*[25] quando a lei posterior abolir o crime, e *lex mitior* quando favorecer o réu de alguma forma[26].

Atualmente, o **princípio da personalidade ou responsabilidade pessoal**, que significa que a pena não pode

---

[24] SCHMIDT, Andrei Zenkner. *O princípio da legalidade no estado democrático de direito.* Porto Alegre: Livraria do Advogado, 2001, p. 144.
[25] *"Verifica-se a* abolitio criminis *quando a lei nova exclui da órbita penal um fato considerado crime pela legislação anterior. Trata-se de uma hipótese de descriminalização. Quando isso ocorre, extingue-se a punibilidade (CP, art. 107, III), arquivando-se os processos em curso, no tocante ao crime abolido, ou cessando a execução e os efeitos penais da sentença condenatória, ainda que transitada em julgado"* (TOLEDO, Francisco de Assis. *Princípios básicos de direito penal.* 5. ed. São Paulo: Saraiva, 2002, p. 34).
[26]*"Denomina-se mais benigna a lei mais favorável ao agente, no tocante ao crime e à pena, sempre que, ocorrendo sucessão de leis penais no tempo, o fato previsto como crime tenha sido praticado na vigência da lei anterior. Será mais benigna a que "de qualquer modo favorecer o agente", podendo, portanto, ser a lei anterior ou a posterior".* (Ibid., p. 35).

ultrapassar a pessoa do condenado, além de não encontrar maior resistência pela sociedade, é entendido como consequência lógica do princípio da culpabilidade. Entretanto, ao longo de toda a história da humanidade, especialmente até fins do século 18, sempre foi natural a transferência de culpa e responsabilidade, como se observa em inúmeras disposições das Ordenações Filipinas. A Constituição de 1824 expressamente previu o princípio da personalidade no artigo 179, inciso XX: "Nenhuma pena passará da pessoa do delinquente. Portanto não haverá em caso algum confiscação de bens, nem a infamia do Réo se transmittirá aos parentes em qualquer gráo, que seja". Também a Constituição da República, de 1891, previu que "nenhuma pena passará da pessoa do delinqüente" (art. 72, §19), no que foi reiterado pela Constituição de 1934 (art. 113, 28). A Constituição de 1937, do Estado Novo, não resguardou essa garantia, que retornou na Constituição de 1946 (art. 141, §30). Sua previsão continuou presente nas Constituições de 1967 (art. 150, §13), de 1969 (art. 153, §13) e de 1988 (art. 5°, XLV).

A **individualização da pena**, sem sombra de dúvidas, é um dos princípios mais basilares e importantes resguardados pela Constituição Cidadã de 1988, previsto no artigo 5°, inciso XLVI. A pena não pode e não deve ser padronizada, e merece ser encontrada para cada condenado a exata medida punitiva correspondente ao fato penal praticado. A cada conduta incriminada existe uma, e apenas uma, pena correta, e a tarefa do operador do direito é encontrá-la. Por vezes, discute-se em uma ação penal apenas e tão somente a individualização da pena, sobretudo em casos em que o réu é confesso e não há nulidades presentes. Busca-se, assim, o encontro de uma pena justa. E esta, no entender de José Faria da Costa, seria a própria manifestação da dignidade da pessoa humana, razão pela qual seria indisponível e teria natureza de direito humano fundamental[27].

A individualização da pena divide-se em três momentos: legislativo, quando há a tipificação do preceito secundário ao tipo penal, com a garantia de que todos que pratiquem aquele modelo incriminado recebam a mesma reprovação penal; judicial, quando é realizada a individualização da pena em concreto, visualizando-se o autor do fato e as circunstâncias judiciais e legais; e, por fim, durante a

---

[27] COSTA, José de Faria. Uma ponte entre o direito penal e a filosofia penal: lugar de encontro sobre o sentido da pena. In: MIRANDA, Jorge; SILVA, Marco Antônio Marques da (Coord.). *Tratado luso-brasileiro da dignidade humana*. 2. ed. São Paulo: Quartier Latin, 2009, p. 899.

execução penal, quando então é realizado o acompanhamento do cumprimento da reprimenda legal, que deveria ser de forma individualizada, para que a pena atinja seus objetivos.

Em virtude da previsão constitucional do **princípio da humanidade**, é vedada no Brasil a aplicação de penas insensíveis e dolorosas, devendo-se respeitar a integridade física do agente. Esse princípio, conforme ressalta Damásio E. Jesus[28], encontra previsão constitucional em vários dispositivos e deve ser observado: antes do processo (art. 5º, LXI, LXII, LXIII e LXIV), durante o processo (art. 5º, LIII, LIV, LV, LVI e LVII) e na execução da pena (art. 5º, XLVII, XLVIII, XLIX e L).

Todavia, encontra sua vertente mais acentuada no que se refere à execução da pena, posto que é o reconhecimento do condenado como pessoa humana e, como tal, deve ser tratado. Luiz Luisi[29] ressalta que esse princípio foi consagrado com o Iluminismo, quando há o reconhecimento de que o Estado, originado de um contrato social, deveria respeitar e assegurar os direitos humanos.

Segundo Alice Bianchini, "decorre deste princípio a inconstitucionalidade de sanções que se fixem no indivíduo de forma perene ou irreversível (morte, amputação, castração, esterilização etc.), ou que, ainda que não com tais características, possam se constituir em uma nódoa indelével, um estigma"[30].

De acordo com Alberto Silva Franco[31], "o princípio da humanidade da pena implica, portanto, não apenas na proposta negativa caracterizadora de proibições, mas também, e principalmente, na proposta positiva, de respeito à dignidade da pessoa humana, embora presa ou condenada".

Ao lado desses princípios penais explícitos, outros não expressos são extraídos dos valores constitucionais brasileiros. Entre eles, encontram-se os **princípios da culpabilidade**, pelo qual ninguém

---

[28] JESUS, Damásio E. *Código penal anotado*. 8. ed. São Paulo: Saraiva, 1998.
[29] LUISI, Luiz. *Os princípios penais constitucionais*. Porto Alegre: Sergio Antônio Fabris, 1991, p. 32.
[30] BIANCHINI, Alice. *Pressupostos materiais mínimos da tutela penal*. São Paulo: Revista dos Tribunais, 2002, p. 116.
[31] FRANCO, Alberto Silva; STOCO, Rui (Coord.). *Código penal e sua interpretação jurisprudencial*. 7. ed. Vol. I: parte geral. São Paulo: Revista dos Tribunais, 2001, p. 42.

poderá ser punido se não houver culpabilidade (*nulla poena sine culpa*), sendo esta o limite para a própria pena, conforme a prevenção geral limitadora que será tratada adiante; da **taxatividade**, que obriga que as condutas típicas sejam claras e simples, sem deixar dúvidas ao destinatário das normas; e da **proporcionalidade**, corolário da própria individualização da pena, segundo o qual a pena deve ser proporcional ao crime, guardando equilíbrio entre a infração praticada e a sanção imposta[32].

A **vedação à dupla punição pelo mesmo fato**, embora não expressamente declarada pelo constituinte, está positivada em nossa legislação por ser o Brasil signatário da Convenção Americana Sobre Direitos Humanos, já que, ao tratar das garantias judiciais (artigo 8°), em seu item 4, resguarda que o "*o acusado absolvido por sentença transitada em julgado não poderá ser submetido a novo processo pelos mesmos fatos.*"

Os **princípios da intervenção penal mínima ou tutela penal de *ultima ratio* e fragmentariedade** merecem absoluto destaque dentro do Estado Democrático de Direito brasileiro, fundamentado na dignidade da pessoa humana.

O bem jurídico[33] protegido pelo Direito Penal deve ter respaldo constitucional, ainda que de forma indireta, sob pena de não possuir dignidade. É "inconcebível que o Direito Penal outorgue proteção a bens jurídicos que não são amparados constitucionalmente, ou que colidam com os valores albergados pela Carta, já que é nela que são

---

[32] "*O princípio da proporcionalidade* (poena debet commensurari delicto), *em sentido estrito, exige um liame axiológico e, portanto, graduável, entre o fato praticado e a cominação legal/conseqüência jurídica, ficando evidente a proibição de qualquer excesso*". (PRADO, Luís Regis. Curso de direito penal brasileiro. 5. ed. Vol. 1. São Paulo: Revista dos Tribunais, 2005, p. 151.

[33] Juarez Tavares defende que bem jurídico deve ser entendido como valor (finalidade) e não como dever (norma), deixando-o na condição de delimitador da norma. Com isso, o bem jurídico cumpriria a função de proteger a pessoa humana, que seria o objeto final de proteção da ordem jurídica. Entende que "*bem jurídico é um elemento da própria condição do sujeito e de sua projeção social e nesse sentido pode ser entendido, assim, como um valor que se incorpora à norma como seu objeto de referência real e constitui, portanto, o elemento primário da estrutura do tipo, ao qual se devam referir a ação típica e todos os seus demais componentes. Por objeto de referência real se deve entender aqui o pressuposto de lesão ou perigo de lesão pelo qual se orienta a formulação do injusto. Não há injusto sem a demonstração de efetiva lesão ou perigo de lesão a um determinado bem jurídico*". (TAVARES, Juarez. Teoria do injusto penal. Belo Horizonte: Del Rey, 2000, p. 179).

inscritos os valores da sociedade que a produz"³⁴.

De acordo com o princípio da exclusiva proteção de bens jurídicos, somente é possível criminalizar condutas que atentem contra determinado bem jurídico, porém, deve-se respeitar o princípio da fragmentariedade e, em consequência, as condutas devem passar pelo crivo dos princípios da ofensividade e da insignificância, razão pela qual "a partir desta complexa análise (dignidade jurídica do objeto de proteção penal e ofensividade da conduta) é que surge o bem jurídico-penal, fazendo merecedor de pena aquele que, agindo com culpa, lesionou-o ou colocou-o em perigo"*³⁵*.

Segundo o princípio da intervenção mínima, apenas é admitida a intervenção do Direito Penal quando outros meios não se mostrarem suficientes e idôneos para proteção do bem jurídico. Em consequência, para que se possa tipificar determinada conduta, é necessária a conjugação de três fatores: merecimento, necessidade, além da adequação e eficácia da tutela penal³⁶.

No que pertine ao merecimento de pena, este deve ser desmembrado em dignidade do bem jurídico e ofensividade da conduta. No âmbito do primeiro, há o princípio da intervenção mínima, que deixa ao Direito Penal apenas aquelas condutas que não puderam ser resolvidas por outros ramos do direito, e o da exclusiva proteção de bens jurídicos, que limita esse ramo do direito à defesa de bens jurídicos indispensáveis ao cumprimento da finalidade precípua da sociedade.

Por se encontrar em jogo o *jus libertatis,* considerado o mais precioso dos bens jurídicos, o Direito Penal se torna o instrumento mais severo no combate à violência, razão pela qual o Estado somente deverá dele se utilizar quando indispensável.

A tutela penal somente será adequada e eficaz se a pena prevista para o tipo penal – limitada pela dignidade da pessoa humana, garantia fundamental dentro de um Estado Democrático de Direito – for apta a cumprir suas finalidades.

---

³⁴ BIANCHINI, Alice. *Pressupostos materiais mínimos da tutela penal.* São Paulo: Revista dos Tribunais, 2002, p. 43.
³⁵ Ibid., p. 27.
³⁶ Ibid., p. 43.

Ao discorrer sobre a ofensividade da conduta e o consequente caráter fragmentário do direito penal, assevera Alice Bianchini que somente serão objeto do Direito Penal os fatos ilícitos que resistirem a uma complexa averiguação: a) que resguardem bens fundamentais (dignidade penal); b) que a conduta provoque abalo social (ofensividade); c) que não se encontrem disponíveis outros meios (necessidade); d) que os meios selecionados sejam adequados e eficazes (adequação e eficácia) [37].

Jorge de Figueiredo Dias defende que dentro de um Estado Democrático de Direito somente é permitido ao Estado intervir nos direitos e liberdades quando imprescindíveis à garantia dos direitos e liberdades dos outros, o que impõe que só se permita a tutela de bens da pessoa e da comunidade que tenham relevada importância [38]. Não é porque existe um bem jurídico constitucional que o Direito Penal tem legitimidade para intervir com o discurso da criminalização. É necessária a conjugação de três requisitos: dignidade, ofensividade e necessidade da pena. A função do Direito Penal é a tutela subsidiária de bens jurídicos. Não basta que exista um bem jurídico a tutelar, é igualmente indispensável que os outros meios não penais se revelem inadequados e insubsistentes. Somente aí o Estado pode avançar para a criminalização.

Figueiredo Dias ressalta, ainda, que não existem imposições constitucionais implícitas, apenas algumas explícitas e, nesse caso, se o legislador ordinário não criminalizar, estaremos diante de uma inconstitucionalidade por omissão[39]. Tudo isso conduz ao princípio da não intervenção moderada: o Estado deve intervir o menos possível e apenas na precisa medida requerida para assegurar as condições de funcionamento da sociedade.

---

[37] BIANCHINI, Alice. *Pressupostos materiais mínimos da tutela penal*. São Paulo: Revista dos Tribunais, 2002, p. 53.
[38] DIAS, Jorge de Figueiredo. *Questões fundamentais do direito penal revisitadas*. São Paulo: Revista dos Tribunais, 1999, p. 75.
[39] "*Naturalmente, onde o legislador constitucional aponte expressamente a necessidade de intervenção penal para tutela de bens jurídicos determinados, tem o legislador ordinário de seguir esta injunção e criminalizar os comportamentos respectivos, sob pena de inconstitucionalidade por omissão... Onde, porém, inexistam tais injunções constitucionais expressas, da existência de um valor jurídico-constitucionalmente reconhecido como integrante de um direito ou de um dever fundamental não é legítimo deduzir sem mais a exigência de criminalização dos comportamentos que o violam. Precisamente porque não pode ser ultrapassado o inevitável entreposto constituído pelo critério da necessidade ou da carência de pena*" (DIAS, Jorge de Figueiredo. *Questões fundamentais do direito penal revisitadas*. São Paulo: Revista dos Tribunais, 1999, p. 80).

Frederico Marques ensinava que a Justiça Criminal deve receber direto influxo dos valores éticos e políticos que informam a ordem jurídico-constitucional e, consequentemente, "uma vez que nossa *Constituição* foi elaborada em função dos ideais democráticos do Estado de Direito, é preciso situar as fontes primeiras da ordem processual numa linha de princípios que não destoe desse sentido político de toda a nossa organização estatal"[40].

Em um Estado de Direito, o processo é instrumento de justiça e não simples aglomerado de regras menores para a aplicação do direito material. A determinação da competência para a União legislar em material processual penal decorre dos valores éticos em que se assenta a organização política, garantindo-se a tutela jurisdicional do Estado através do procedimento demarcado formalmente em lei[41].

Também é decorrência dos valores insertos na Carta Magna o direito de ação, garantia impostergável de todo cidadão, que veda subtrair do Poder Judiciário qualquer lesão de direito individual, impedindo a realização da justiça por particulares ou proferida por órgãos parciais. Em consequência, ensina José Frederico Marques:

> Ora, a moldagem do processo penal, como contenda entre partes, implica o integral repúdio da forma inquisitiva de procedimento e no reconhecer, outrossim, que o acusado não é apenas objeto de investigações, mas também sujeito de direitos, ônus e deveres e obrigações dentro do procedimento destinado a apurar da procedência ou não da pretensão punitiva do Estado[42].

Da mesma forma que ocorre com o direito penal, também no direito processual penal encontramos princípios explícitos e implícitos, adaptando-se, portanto, a ordem normativa à estruturação básica que a Constituição imprimiu à Justiça Penal. O processo penal deverá ser visualizado com base nos direitos e garantias previstos na Constituição Federal e, quando o caso, interpretando-se o Código de Processo Penal,

---

[40] MARQUES, José Frederico. Os princípios constitucionais da justiça penal. In: _____. *Estudos de Direito Processual Penal*. 2. ed. Campinas: Millenium, 2001, p. 42.
[41] Ibid.
[42] Ibid., p. 44.

oriundo do Estado Novo, e as demais leis que a precederam, declarando-se não recepcionadas e inconstitucionais normas que conflitem com a Carta Magna.

Entre os princípios explícitos na Constituição Cidadã, destacam-se a **presunção de inocência** (artigo 5°, LII), a **ampla defesa** (artigo 5°, LVII), o **devido processo legal** (artigo 5°, LIV), o **contraditório** (artigo 5°, LV), o **juiz natural** (artigo 5°, LIII), a **publicidade** (artigo 5°, LX), a **vedação a provas ilícitas** (artigo 5°, LVI), a **economia processual** (artigo 5°, LXXVIII), os princípios referentes ao Tribunal do Júri, quais sejam, **plenitude de defesa, sigilo das votações, soberania dos vereditos** e **competência para julgamento dos crimes dolosos contra a vida** (artigo 5°, XXXVIII), além da **legalidade estrita da prisão cautelar** (artigo 5°, incisos LXI a LXVI).

Entre os implícitos, podem ser citados, a **prevalência do interesse do réu**, a **não autoincriminação**, a **iniciativa das partes**, o **duplo grau de jurisdição**[43], a **imparcialidade**, a **vedação à dupla punição e ao duplo processo**, a **obrigatoriedade**, a **indisponibilidade**, a **oficialidade**, a **intranscendência**, a **verdade real** e o *in dubio pro reo*.

Marco Antônio Marques da Silva esclarece que "um sistema de direito penal, no Estado Democrático de Direito, deve ter como limite os direitos humanos acolhidos na Constituição Federal e nos tratados e convenções internacionais"[44], razão pela qual a concretização das garantias constitucionais seria impedida caso fossem violados esses direitos que atingem de forma direta a dignidade da pessoa humana.

Em consequência, defende Marques da Silva que, além do princípio da legalidade como limitador do direito de punir, se encontraria a proteção dos direitos fundamentais, colocando em debate a função punitiva do Estado e a liberdade do cidadão[45]. O Direito Penal busca assim um caráter conciliador e não mais repressivo, "uma vez que ficou provada a impossibilidade de dissuasão do crime através de

---

[43] Encontra-se previsto no Pacto de São José da Costa Rica (art. 8. item 2, h), por isso pode-se entender por ser um princípio expresso, a teor do disposto no §3° do artigo 5° da Constituição Federal, tal qual ocorre com o juiz imparcial (art. 8. item 1) e a vedação à dupla punição e ao duplo processo (art. 8. item 4).
[44] SILVA, Marco Antônio Marques da. *Acesso à justiça penal e estado democrático de direito*. São Paulo: Juarez de Oliveira, 2001, p. 143.
[45] Ibid.

uma pena grave ou sem um fim específico"[46].

É fato, outrossim, que atualmente se busca maior efetividade ao processo penal, tendo em vista que o progresso da ciência jurídica não foi acompanhado por uma Justiça Penal célere e, principalmente, eficaz. Nascem nessa seara novas ideias de soluções consensuadas, como forma de conceber reforma eficiente do processo e da justiça, pela via da conciliação. Não basta simplesmente uma prestação jurisdicional rápida; faz-se necessário que também seja eficiente, o que impõe dinamização do processo para sua função instrumental[47].

Os princípios processuais penais implícitos da **indisponibilidade** e da **obrigatoriedade da ação penal**, embora inicialmente tidos como impeditivos da adoção de uma Justiça Penal consensual, foram objeto de nova roupagem, até porque não há como o Estado perseguir toda e qualquer infração penal. Não é porque se adotam referidos princípios, que a Justiça Penal ficaria amarrada e impedida de buscar soluções eficazes, especialmente se ao mesmo tempo conferir maior celeridade ao *jus puniendi*.

A partir da metade da década de 90 do século passado, o processo penal brasileiro passa a adotar novas formas de solução do litígio que excepcionam os princípios da obrigatoriedade, como as transações civil e penal previstas para as infrações de menor potencial ofensivo, nos termos da Lei dos Juizados Especiais (Lei n. 9.099, de 26 de setembro de 1995). A suspensão condicional do processo, adotada no artigo 89 dessa mesma lei, também é exemplo da adoção do consenso, assim como as hipóteses do acordo de leniência e colaboração premiada.

A Justiça Penal neste terceiro milênio precisa, por vezes, ter repensados seu objetivo e sua atuação, sobretudo em um Estado Democrático de Direito, onde tem por pressuposto e fundamento a cidadania e a dignidade da pessoa humana. O que se busca com o direito penal? É apenas o castigo e a punição ao autor de um crime? Busca-se, mais, a prevenção de novas infrações penais? Ou seria o fim ideal encontrar não apenas uma forma de reparar o dano, mas principalmente procurar sua restauração, para que novos

---

[46] Ibid.
[47] FERNANDES, Antonio Scarance. O consenso na justiça penal. *Boletim IBCCrim*. São Paulo, v. 7, n. 83 esp., p.14-15, out., 1999.

comportamentos delituosos não ocorram, porque o Estado aprendeu com o autor do crime, encontrou suas necessidades e adotou mecanismos de controle, ao passo que atendeu às expectativas da vítima no processo penal?

Infelizmente, a pragmática tem evidenciado que, a par dos valores da sociedade brasileira, a Justiça Penal, sob a égide da Constituição Cidadã de 1988, tem-se mostrado cada vez mais invasiva nos direitos e liberdades individuais. Em inúmeros casos se verifica mitigação do princípio da presunção de inocência, prendendo-se primeiro, para se apurar depois, ou permitindo a prisão de condenado que ainda está exercendo seu direito de recorrer das decisões que lhe são contrárias e, portanto, não tem culpa formada.

A imprensa, especialmente com as novas formas de transmissão da informação, a reinvenção da mídia e o surgimento das redes sociais, aprendeu a espetacularizar a atuação não só da polícia judiciária e do Ministério Público, como também do magistrado, e vibra com a decretação e o cumprimento de prisões temporárias e preventivas, além da inovadora condução coercitiva. Ainda que o Brasil adote a presunção da inocência, recorre-se à exemplaridade e viola-se a garantia constitucional, "porquanto parte justamente da admissão inicial da culpabilidade e termina por atribuir ao processo uma função meramente formal de legitimação de uma decisão tomada *a priori*"[48].

Os valores constitucionais que estruturam a Justiça Penal não podem ser preteridos dessa maneira, já que diante de um Estado Democrático de Direito, com rígido sistema constitucional, as garantias do cidadão devem ser fielmente respeitadas. É inadmissível que a Justiça Penal possa "ser instrumento de degradação dos direitos do homem"[49].

Todavia, somos defensores da adoção de soluções diversificadas para o direito penal, como o é a Justiça Restaurativa, que com os valores e princípios próprios que lhe dão seu contorno e observando os princípios penais e processuais penais, permitirá seguir por uma estrada diferente daquela invasora dos direitos e liberdades individuais, por ser um caminho que respeita a vítima, o autor do fato e a própria sociedade,

---

[48] GOMES FILHO, Antônio Magalhães. *Presunção de inocência e prisão cautelar*. São Paulo: Saraiva, 1991, p. 57.
[49] MARQUES, José Frederico. Os princípios constitucionais da justiça penal. In: _____. *Estudos de Direito Processual Penal*. 2. ed. Campinas: Millenium, 2001, p. 49.

resguardando os direitos e garantias do ser humano[50].

1.2 - A internacionalização da justiça penal

Não se faz possível encerrar o tema Justiça Penal sem um breve enfoque sobre sua internacionalização, tema que se torna caro tanto ao Direito Penal econômico, quanto à Justiça Restaurativa. Para o primeiro, porque se constata nas últimas três décadas o surgimento de mandados de criminalização de organismos internacionais que influenciam a própria compreensão do Direito Penal Econômico, restando cada vez mais clarificada a opção pela concepção ampla do conceito de crime econômico. E, afinado por esse mesmo diapasão, a Justiça Restaurativa acabou por ser abraçada pela Organização das Nações Unidas, culminando com diversos Estados sendo obrigados a introduzir práticas restaurativas em seus ordenamentos jurídicos nacionais. Em consequência, faz-se imprescindível tecer algumas notas sobre a internacionalização da Justiça Penal, sem qualquer pretensão de exaurir o tema.

Linhas acima mencionou-se sobre os Tribunais de Nuremberg e Tóquio que, a despeito do desprezo aos princípios da legalidade e da anterioridade, deram azo ao surgimento de instância penal internacional e, segundo José Francisco Rezek, ex-juiz da Corte Internacional de Justiça da Organização das Nações Unidas, "com nítida 'coloração' de tribunal militar"[51].

A partir de 1948, diante dos horrores da Segunda Guerra e da atuação da Organização das Nações Unidas, o direito internacional passou a compreender a definição de crimes internacionais, praticados em detrimento de toda a humanidade. Em decorrência, surgem em tratados e convenções mandados de criminalização, e os países signatários os tipificavam e apenavam, criando cenário positivo para um Tribunal Penal Internacional. Para Francisco Rezek:

> Entre 1948 e o final dos anos 80, pode-se afirmar que há no Direito das gentes, por assimilação,

---

[50] Sobre o tema da Justiça Restaurativa, veja nossa obra a respeito.
[51] REZEK, Francisco. A internacionalização da justiça penal. *Anais do 17° Encontro Nacional dos Juízes Federais*: desafios contemporâneos ao estado democrático. Brasília: Associação dos Juízes Federais, 2001, p. 94.

adoção e absorção do Direito Internacional nas ordens internas, um rico direito doméstico, nos mais variados países, tipificando delitos como o genocídio, a tortura, as várias agressões às mínimas normas de comportamento em caso de conflito armado[52].

Em 25 de maio de 1993, o Conselho de Segurança das Nações Unidas editou a Resolução n. 827, que determinou a instituição de instância penal seletiva. Foi criado o Tribunal Penal Internacional para a antiga Iugoslávia ou Tribunal para a Acusação de Pessoas Responsáveis por Sérias Violações do Direito Internacional Humanitário Cometidas no Território da Antiga Iugoslávia, tendo em vista condutas que configurariam crimes contra a humanidade e representariam ameaça à paz e à segurança internacionais[53].

Ainda na década de 90, nova instância internacional seletiva foi criada, no caso o Tribunal Penal Internacional para a Acusação de Pessoas Responsáveis por Genocídio e Outras Sérias Violações ao Direito Humanitário Internacional Cometidos no Território de Ruanda e por Cidadãos Ruandenses Responsáveis por Sérias Violações em Territórios Vizinhos, ou, apenas, Tribunal Penal Internacional para Ruanda[54], com o objetivo de levar a julgamento os responsáveis pelo genocídio e outras violações das leis internacionais ocorridas naquele país.

Embora o estabelecimento dessas jurisdições tenha sido questionado por moção da defesa, em 1995, o Tribunal Penal Internacional para a Antiga Iugoslávia entendeu por sua legalidade, já que o artigo 41 e o Capítulo VII da Carta das Nações Unidas

---

[52] Ibid.
[53] Conforme se extrai do texto da resolução: *"Declarando-se, uma vez mais, seriamente alarmado com as informações que continuam a dar conta de violações flagrantes e generalizadas ao direito internacional humanitário no território da ex-Jugoslávia e, nomeadamente, na República da Bósnia-Herzegovina, particularmente com as informações sobre mortes massivas, detenções e violações massivas, organizadas e sistemáticas de mulheres, bem como da prossecução na prática da 'limpeza étnica', nomeadamente com o objectivo de adquirir e conservar um território; Constatando que tal situação continua a representar uma ameaça à paz e à segurança internacionais; Decidido a pôr fim a tais crimes e a tomar medidas eficazes para que as pessoas responsáveis sejam levadas perante a justiça"*.
[54] Resolução n. 955, de 8 de novembro de 1994, do Conselho de Segurança das Organizações das Nações Unidas.

concederam amplos poderes ao Conselho de Segurança[55].

Entretanto, essas instâncias internacionais seletivas foram criticadas pelos seus custos elevados, se considerados sobretudo o aparato e a dimensão que superaram em mais de dez vezes a de qualquer instituição judiciária até então existente, acarretando enorme gasto às Nações Unidas[56], além de sua própria efetividade, com processos lentos – os tribunais ainda hoje se encontram em plena atividade. Ainda podem ser criticados porque foram instituídos para julgar casos isolados e específicos, que, embora gravíssimos, não eram tão diferentes de outros, já que no caso de Ruanda não se compreende o porquê de sua escolha entre tantas outras graves violações de direitos humanos no continente africano.

Ainda no final da década de 90, surgem os Tribunais Especiais, assemelhados aos Tribunais *ad hoc* criados pelo Conselho de Segurança, mas com uma característica própria, a sua natureza híbrida, posto que instituídos entre o governo do Estado violado e as Organizações das Nações Unidas. Como regra, apresentam por característica a tentativa de promover a paz e a segurança, com o processo e julgamento de crimes nacionais e apuração das graves violações aos direitos humanos e às leis internacionais[57].

O Estatuto de Roma, que criou o **Tribunal Penal Internacional**, teve seu texto aprovado no Congresso Nacional brasileiro pelo Decreto Legislativo n. 112, de 6 de junho de 2002, e o Estatuto de Roma do Tribunal Penal Internacional foi promulgado pelo Decreto n. 4.388, de 25 de setembro de 2002. Atualmente, encontra-se ratificado por 121 países, porém a Rússia, em 16 de novembro de 2016, revogou a assinatura ao Estatuto de Roma.

Segundo o artigo 1° do Estatuto, o Tribunal Penal Internacional, com sede em Haia, nos Países Baixos, trata-se de "instituição

---

[55] Disponível em: <http://www.icty.org/x/cases/tadic/tdec/en/100895.htm>. Acesso em: 30 jun. 2017.
[56] REZEK, Francisco. A internacionalização da justiça penal. *Anais do 17° Encontro Nacional dos Juízes Federais*: desafios contemporâneos ao estado democrático. Brasília: Associação dos Juízes Federais, 2001, p. 96.
[57] Podem ser citados como exemplos de tribunais *ad hoc* mistos os instituídos em: Timor Leste, Kosovo, Bósnia Herzegovina, Serra Leoa, Camboja, Líbano e Senegal. Disponível em: <https://www.icrc.org/por/war-and-law/international-criminal-jurisdiction/ad-hoc-tribunals/overview-ad-hoc-tribunals.htm>. Acesso em: 10 jul. 2017.

permanente, com jurisdição sobre as pessoas responsáveis pelos crimes de maior gravidade com alcance internacional (...) e será complementar às jurisdições penais nacionais". Tem competência, nos termos do artigo 5°, para julgar "crimes mais graves, que afetam a comunidade internacional no seu conjunto", quais sejam genocídio, crimes contra a humanidade e crimes de guerra, os quais se encontram tipificados nos artigos 6°, 7° e 8°, respectivamente, além do crime de agressão[58].

O Tribunal Penal Internacional tem jurisdição apenas relativamente aos Estados-partes que firmaram o Estatuto de Roma, relativamente às condutas típicas delineadas nos artigos supramencionados, seja por fatos cometidos por nacionais ou não dentro de seus respectivos territórios, seja por crimes cometidos por seus nacionais em territórios outros que não o de Estado-parte.

Na prática, o **princípio da complementaridade** previsto no artigo 1° do Estatuto de Roma significa que o Tribunal Penal Internacional poderá exercer sua competência nos casos de manifesta incapacidade do Estado-parte ou, ainda, da falta de disposição do sistema judiciário nacional para exercer sua jurisdição primária[59].

Sylvia Helena de Figueiredo Steiner, juíza do Tribunal Penal Internacional, esclarece que o tribunal começou efetivamente a funcionar após os primeiros pedidos de prisão que decorreram das investigações iniciadas pela promotoria do Tribunal Penal Internacional realizadas em Uganda e na República Democrática do Congo, em 2004, a pedido dos próprios Estados.

---

[58] Com relação ao crime de agressão, o parágrafo 2° do artigo 5° estabelece que: "2. *O Tribunal poderá exercer a sua competência em relação ao crime de agressão desde que, nos termos dos artigos 121 e 123, seja aprovada uma disposição em que se defina o crime e se enunciem as condições em que o Tribunal terá competência relativamente a este crime. Tal disposição deve ser compatível com as disposições pertinentes da Carta das Nações Unidas".*
[59] RODAS, João Grandino. Tribunal Penal Internacional a entrega de nacionais. In: *Tratado luso-brasileiro da dignidade humana*. São Paulo: Quartier Latin, 2009, p. 522. Importantes ainda as considerações de Francisco Rezek: "*no domínio estrito da complementaridade, o Tribunal Penal Internacional não pretende, em absoluto, esvaziar a competência que, para o processo penal, mesmo dos crimes da mais superlativa gravidade, foi confiada pelas constituições nacionais aos tribunais nacionais. O Tribunal pretende ser competente em certas hipóteses, sendo que a mais visível é a da falência das instituições nacionais*". (REZEK, Francisco. Tribunal Penal Internacional: princípio da complementaridade soberania. In: *Tratado luso-brasileiro da dignidade humana*. São Paulo: Quartier Latin, 2009, p. 516).

Esclarece Sylvia Steiner que a grande crítica ao tribunal se deve à carência de poderes coercitivos para executar suas próprias decisões, dependendo o Tribunal Penal Internacional da comunidade internacional[60]. Pondera que "parece que esses críticos prefeririam a adoção, por algum órgão supranacional (a ONU?) de tribunais penais internacionais com jurisdição obrigatória, com primazia sobre as jurisdições internas dos Estados"[61], não se satisfazendo com o incentivo para o aperfeiçoamento de suas jurisdições, a fim de que possam ter capacidade e condições de proceder sozinhos ao processo e julgamento dos mais graves crimes contra a humanidade.

Também há crítica quanto à morosidade de seus trabalhos, no que a magistrada contra-argumenta, no sentido de que os juízes estão mais atentos à preservação dos direitos fundamentais dos acusados, além da ausência de precedentes e do:

> próprio sistema processual misto, envolvendo aspectos procedimentais de *civil law* e de *common law* a exigir conciliação, a compreensão e implementação de um complexo sistema de comunicação de provas pela acusação à defesa, o hercúleo trabalho de criação e implementação de medidas de proteção às vítimas e testemunhas[62].

Para finalizar, importante sucintamente trazer a questão então colocada sobre a possibilidade de entrega de brasileiros natos ao Tribunal Penal Internacional, especialmente diante do disposto no artigo 5°, inciso LI, da Constituição Federal, ao prescrever que "nenhum brasileiro será extraditado, salvo o naturalizado, em caso de crime comum, praticado antes da naturalização, ou de comprovado envolvimento em tráfico ilícito de entorpecentes e drogas afins, na forma da lei".

---

[60] "*Tal viabilidade depende da cooperação dos estados e da implementação, em todo território nacional, de legislação que possibilite cumprir as obrigações criadas pelo Tratado e aceitas pelo estado brasileiro*". (RODAS, João Grandino. Tribunal Penal Internacional a entrega de nacionais. In: *Tratado luso-brasileiro da dignidade humana*. São Paulo: Quartier Latin, 2009, p. 523).
[61] STEINER, Sylvia. Um balanço positivo: dez anos do Tribunal Penal Internacional. *Boletim IBCCRIM*, São Paulo, v. 20, n. 235, jun. 2012, p. 4-6.
[62] STEINER, Sylvia. Um balanço positivo: dez anos do Tribunal Penal Internacional. *Boletim IBCCRIM*, São Paulo, v. 20, n. 235, jun., p. 4-6, 2012.

Para responder a essa indagação, é preciso inicialmente diferenciar a **extradição** do ato de **entrega**. Enquanto a primeira é o ato de entrega de uma pessoa ao Estado que a reclama, para que, neste, seja processada e julgada (portanto ato que ocorre entre Estados), a segunda é o ato que vincula o Estado em face do Tribunal Penal Internacional, previsto no artigo 91 do Estatuto de Roma, no qual o Estado-parte se obriga a cooperar, inclusive quanto à entrega de nacional quando emitida ordem de prisão pelo Tribunal e, caso não o faça, será considerado como não colaborador e submetido à "Assembleia dos Estados Partes ou ao Conselho de Segurança, quando tiver sido este a submeter o fato ao Tribunal", nos termos dos artigos 89, parágrafo 7, e artigo 112, inciso "f", do Estatuto de Roma[63].

Ao que parece, com a promulgação da Emenda Constitucional n. 45, em 8 de dezembro de 2004, e a inclusão do parágrafo quarto que determina a submissão do Brasil à jurisdição do Tribunal Penal Internacional[64], acaba por ser resolvida a questão da entrega dos nacionais, até porque o artigo 91 do Estatuto de Roma determina que os requisitos para entrega não deverão ser mais rigorosos dos que os que devem ser observados em caso de um pedido de extradição[65].

A Justiça Penal no Estado Democrático de Direito é limitada pelos valores basilares contemplados na carta política e informada pelos princípios e garantias constitucionais, que acabam por nortear a aplicação do Direito Penal e do Direito Processual Penal. Em um mundo globalizado, sua internacionalização é hoje uma realidade, como se verifica exemplificativamente com o Tribunal Penal Internacional, ou com os mandados de criminalização de organismos internacionais de condutas próprias do Direito Penal Econômico ou, ainda, com o compromisso de os Estados adotarem a Justiça Restaurativa.

---

[63] "Art. 112 (...) f) *Examinará, em harmonia com os parágrafos 5 e 7 do artigo 87, qualquer questão relativa à não cooperação dos Estados*".
[64] "*Art. 5° (...) § 4° O Brasil se submete à jurisdição de Tribunal Penal Internacional a cuja criação tenha manifestado adesão*".
[65] "*Com tal disposição, estabeleceu-se e mecanismo que pretendeu debelar críticas de certa parte da doutrina acerca da inconstitucionalidade de alguns dispositivos do Tratado de Roma, mormente aqueles que prevêem a entrega de nacionais - por alegada identidade do instituto à extradição - e a possibilidade de se condenar réus brasileiros submetidos a julgamento pelo TPI à pena de prisão perpétua, impossível de ser iniciada no âmbito do sistema internacional*" (RODAS, João Grandino. Tribunal Penal Internacional a entrega de nacionais. In: *Tratado luso-brasileiro da dignidade humana*. São Paulo: Quartier Latin, 2009, p. 527).

Firmadas essas bases sobre a Justiça Penal, necessário então estudar a evolução histórica do direito penal ocidental e as teorias que hoje fundamentam a pena.

CAPÍTULO II

BREVE PASSEIO DA VINGANÇA PRIVADA AOS INIMIGOS DE HOJE

II.1 - Evolução histórica do direito penal

Evidentemente, não é tarefa das mais fáceis sintetizar a evolução histórica do direito penal, já que há registros do ser humano há milhares de anos e o direito penal sempre foi uma das principais formas de controle social, seja em uma sociedade mais ou menos desenvolvida, seja sem esta denominação. Para contar a história, privilegiou-se o Ocidente, por razões óbvias, o que não significa em hipótese alguma que o Oriente não tenha uma evolução fascinante e que merece ser devidamente pesquisada.

II.1.1 - O homem primitivo

O estudo do **homem primitivo** não é tarefa das mais simples, especialmente em virtude da diversidade de povos, que no dizer de João Bernardino Gonzaga era verdadeira "multidão dispersa, formada por grupos etnicamente distintos, de mentalidade e hábitos de vida em muitos pontos diferentes"[66].

Como denominador comum, tem-se que o homem primitivo é muito ligado à sua comunidade ou clã, com a mútua proteção dos membros que possuíam descendência comum, estabelecendo-se aquilo que se convencionou por vínculo de sangue. Como já afirmava Von

---
[66] GONZAGA, João Bernardino, O direito penal indígena – à época do descobrimento do Brasil, São Paulo: Max Limonad, s/d, p. 13.

Liszt, "*la primera forma de la pena primitiva, la venganza de la sangre, no es venganza privada, sino venganza de la familia o de la* gens. *Tiene su raíz en la primitiva asociación, la sociedad de la sangre, la* Sippe"[67].

Assim, a resposta a uma ofensa praticada não encontrava qualquer proporcionalidade, já que, se cometida por alguém do próprio clã, levava à expulsão do agressor, deixando-o à sua própria sorte e sem a proteção da divindade, o que praticamente significava sua morte[68], pois, para sobreviver aos perigos da natureza, o homem primitivo se viu na necessidade de viver em comunidades. Se o agressor fosse de outra família, o clã do ultrajado se encarregava da resposta até sua morte, e se a ofensa fosse coletiva, a vingança atingia todo o grupo ofensor[69] e estendia-se por várias gerações, gerando guerras infindáveis, que levavam grupos ou clãs inteiros a serem dizimados. Trata-se daquilo que conhecemos por vingança de sangue, caracterizada pela ausência de proporcionalidade, pela presença de responsabilidade objetiva e desvinculada de um poder central.

Como ressalta Luciano de Freitas Santoro "não havia qualquer proporcionalidade entre a agressão e a punição, assim como não havia respeito à condição de ser humano"[70].

Igualmente, para João Bernardino Gonzaga, a vingança privada leva à responsabilidade penal objetiva e coletiva, posto que a reação poderia ser apenas contra aquele que produziu o dano ou ir além, alcançando outras pessoas a ele ligadas por laços de afinidade (familiar, totêmica, social, etc), imperando a lei da compensação como regra absoluta, sem se importar com a culpa moral daquele que sofre a punição[71].

---

[67] VON LISZT, Franz. *La idea de fin en el derecho penal*. Valparaíso: Edeval, 1984, 1a. reimpressão 1994, p. 72.
[68] "*Más claro aún se nos aparece el carácter social en la segunda forma de la pena primitiva, en el proscripción (Friedloslegung), es decir, en la expulsión de la comunidad, del comunero de paz (el expulsado se convierte en libre como el lobo,* gerit caput lupinum*), en sus distintas, cada vez más debilitadas, manifestaciones, las que conducen inmediatamente a la muerte, a la confiscación patrimonial, al destierro y a la deshonra*" (Ibid, p. 73).
[69] "*Originalmente, aparece como desafío de los gentes; constituye derecho y deber de la* Sippe *del muerto o del lesionado, y se dirige contra toda la* Sippe *del autor, como portadora colectiva de la deuda de sangre*" (Ibid, p. 72)
[70] SANTORO, Luciano de Freitas. *Morte digna: o direito do paciente terminal*. 1ª ed., 2ª reimpr. Curitiba: Juruá, 2012, p. 50.
[71] GONZAGA, João Bernardino, O direito penal indígena – à época do descobrimento do

Oswaldo Henrique Duek Marques ensina que "a vingança de sangue, contudo, porquanto desvinculada de um poder central e sem nenhum controle externo de sua extensão, tornava-se interminável e gerava guerras infindáveis entre as famílias, em prejuízo da própria comunidade, que restava enfraquecida, principalmente diante de guerras externas"[72]. Em consequência, por vezes esta vingança atingia também as crianças e pessoas doentes ou sobre coisas e animais, o que a levou, pouco a pouco, a ser regulamentada e administrada por um poder central[73].

Por não compreenderem os fenômenos da natureza, os primitivos acreditavam em acontecimentos sobrenaturais[74], que levavam à obediência a totens ou tabus. Totem seria um animal ou vegetal sagrado, venerado e temido pelo clã, que o considerava seu protetor, razão pela qual era proibido dele se alimentar. Tabus são produtos da psique dos selvagens, os quais governavam o comportamento individual e social, que consistia em proibições religiosas, sociais e políticas, onde "tudo é proibido, e eles não têm nenhuma idéia por quê e não lhes ocorre levantar a questão. Pelo contrário, submetem-se às proibições como se fosse coisa natural e estão convencidos de que qualquer violação terá automaticamente a mais severa punição"[75].

Freud esclarece que, inicialmente, a violação ao tabu era automática e inexorável, já que o próprio tabu violado se encarregaria da vingança. Com o surgimento da concepção de deuses e espíritos, aos quais eram associados os tabus, acreditava-se que a penalidade seria imposta pelo poder divino, ainda de forma automática. Com a evolução, a própria sociedade passou a se encarregar de punir os transgressores, "dessa forma, os primeiros sistemas penais humanos podem ser

---

Brasil, São Paulo: Max Limonad, s/d, p. 97.
[72] MARQUES, Oswaldo Henrique Duek. *Fundamentos da Pena*. 3. ed. São Paulo: WMF Martins Fontes, 2016, p. 15.
[73] Ibid, p. 15.
[74] *"Partindo da sociedade primitiva, em rápida análise, verificamos a ausência de concepções científicas baseadas em princípios racionais, nos quais se fundamentou o direito penal moderno, pois a conduta humana nada tinha a ver com as leis da causalidade, orientando-se pela magia, pela ideia de retribuição e pelo domínio da psicologia coletiva"* (FERREIRA, Ivete Senise. "Visão do Direito Penal Moderno" in *Justiça Penal, 7: críticas e sugestões: proteção à vítima e à testemunha, comissões parlamentares de inquéritos, crimes de informática, trabalho infantil, TV e crime*. Coord. Jaques Camargo de Penteado. São Paulo: Revista dos Tribunais, 2000, p. 434).
[75] FREUD, Sigmund. *Totem e tabu e outros trabalhos*. Traduzido do alemão e do inglês sob a direção-geral de Jayme Salomão. Rio de Janeiro: Imago Editora, 1974.

remontados ao tabu"[76]. Ivette Senise Ferreira acrescenta que "embora se possa considerar como absurdos alguns desses tabus, a maioria deles desempenhou importantes funções sociais como parte de um sistema geral de controle social, de que ainda hoje subsistem resquícios, chegando a substituir as leis inexistentes, além de constituir parte do código moral da sociedade"[77].

A pena nessa época significava vingança privada e era aplicada pelos primitivos como forma de expiar e purificar a coletividade, colocada em risco ante a transgressão praticada pelo ofensor, além de ser uma forma de mitigar a ira da divindade ofendida. O direito penal se encontra inserido em um campo enigmático, místico, incompreensível aos olhos da razão e do conhecimento científico. Consequências inexoráveis e automáticas serão impostas ao ofensor que viola um tabu, porém tal representa um risco de punição dos espíritos ofendidos sobre toda a coletividade e, para evitar esta vingança da divindade, "é preciso punir o culpado, ou porque criou a possibilidade de um mal generalizado, ou porque, tomando-se a iniciativa do seu castigo, se aplacam as iras da divindade ultrajada"[78].

Com o fortalecimento do poder social, a "justiça" aos poucos deixa as mãos do particular e é transferida a um poder exterior, central, competente para processar e julgar as ofensas e agressões. Oswaldo Henrique Duek Marques adverte que "a transferência da punição para um poder central não teve por fundamento abrandar a vingança em si, mas sim manter certa ordem social e evitar guerras infindáveis entre grupos, que enfraqueciam a própria comunidade"[79]. Pouco a pouco a autonomia dos grupos e das famílias foi limitada e o particular foi impedido de exercer a vingança. Ao longo da história, passou a constituir crime fazer justiça com as próprias mãos. A história indica que a vingança privada cede lugar à vingança divina e, posteriormente, à vingança pública.

---

[76] Ibid.
[77] FERREIRA, Ivete Senise. "Visão do Direito Penal Moderno" in *Justiça Penal, 7: críticas e sugestões: proteção à vítima e à testemunha, comissões parlamentares de inquéritos, crimes de informática, trabalho infantil, TV e crime*. Coord. Jaques Camargo de Penteado. São Paulo: Revista dos Tribunais, 2000, p. 434.
[78] GONZAGA, João Bernardino, O direito penal indígena – à época do descobrimento do Brasil, São Paulo: Max Limonad, s/d, p. 81.
[79] MARQUES, Oswaldo Henrique Duek. *Fundamentos da Pena*. 3. ed. São Paulo: WMF Martins Fontes, 2016, p. 15-16.

Conforme o homem primitivo evolui, diminui o caráter sacral da ofensa e as sanções principiam uma característica utilitária. Como as retaliações primitivas enfraqueciam os clãs ou as tribos, a consciência coletiva entende pela necessidade de se limitarem as reações arbitrárias e exageradas em benefício da própria comunidade, inclusive para evitar a perda de força para combater um inimigo externo, preservando sua força e a própria existência daquele grupo. Surge então um sistema de composição que, basicamente, consistia em reparação financeira ao grupo ofendido.

Esse sistema se expandiu por todo o mundo, e em regra havia negociação direta entre os clãs. Para os povos bárbaros germânicos, porém, era um procedimento público, "no qual uma parte do pagamento era destinada a compensar a ofensa (*Wergeld*) e a outra parte a recuperar a proteção do poder público, que fora chamado a intervir, por isso denominado *o preço da paz* (*Friedensgeld*)"[80].

II.1.1 - Antiguidade

As antigas civilizações eram regidas pelo chamado estado teleológico. Por isso, a pena, via de regra, encontrava sua justificativa em fundamentos religiosos e tinha por finalidade satisfazer a divindade ofendida pelo crime. Com a influência da religião no desenvolvimento da civilização, a vingança, outrora privada, transformou-se gradativamente em divina e passou a ser regulada pelos sacerdotes.

No **Egito**, estado teocrático, a justiça era administrada pelos sacerdotes, e vários crimes eram punidos com a morte. A sentença condenatória deveria ser submetida ao Faraó, que determinava qual seria aquela capaz de satisfazer a divindade. Para os egípcios, a essência dos indivíduos, denominada de *Ka*, sobrevivia à morte (inicialmente somente os faraós, posteriormente todos).

A pena de morte era aplicada às condutas que afetavam a religião e podiam ser executadas de forma simples ou com tortura. Não havia o princípio da personalidade, permitindo-se que fosse estendida

---

[80] FERREIRA, Ivete Senise. "Visão do Direito Penal Moderno" *in Justiça Penal, 7: críticas e sugestões: proteção à vítima e à testemunha, comissões parlamentares de inquéritos, crimes de informática, trabalho infantil, TV e crime.* Coord. Jaques Camargo de Penteado. São Paulo: Revista dos Tribunais, 2000, p. 434.

aos pais, filhos e irmãos do ofensor. Além da pena capital, encontravam-se presentes as de mutilação, desterro, confisco, escravidão e trabalho forçado nas minas. Havia certa aplicação da Lei de Talião, da justiça vingativa, do "*olho por olho, dente por dente*", pois a falsificação era punida com a amputação das mãos, o estupro com a castração, o perjúrio com a morte, a revelação de segredos com a amputação da língua, e assim por diante. Interessante observar que a pena de morte aplicada à maioria dos delitos, posteriormente, foi substituída pela amputação do nariz[81].

O direito igualmente se revelava na religião para os **hebreus**, encontrando sua fonte nos cinco livros da Bíblia, que conteria a Lei revelada por Deus aos israelitas[82]. "Considerando os Dez Mandamentos como fonte do direito, sobre sua base foram elaborados os preceitos jurídicos-penais e a este direito se conhece como 'direito penal mosaico' (originado na lei de Moisés)."[83] A noção de crime se confundia com a de pecado e essa civilização era marcada pela obediência aos mandamentos divinos, em troca da sua proteção. Há clara evolução do direito penal[84], como se pode perceber com a Bíblia, a Lei de Talião e o Código de Hamurabi[85]. As penas aplicadas eram:

---

[81] ZAFFARONI, Eugenio Raul e PIERANGELI, José Henrique, *Manual de direito penal brasileiro*, Parte Geral, 3ª ed. rev. e atual., São Paulo: Revista dos Tribunais, 2001, p. 182.

[82] "*Sus normas se encuentran contenidas en la Biblia en los libros* Éxodo, Levítico y Deuteronomio, *constitutivos de la legislación mosaica que, con el* Génesis *y* Números, *conforman el Pentateuco. Como características más notables de este derecho se tienen las seguintes: imperó el principio de igualdad ante la ley sin excepción alguna; se impuso una paulatina suavización de las penas para todo tipo de delitos, con excepción de aquellos que contrariaban la divinidad, las buenas costumbres y la moral. Así mismo, los delitos se clasificaban en cinco categorías según fueran cometidos contra la divinidad, los semejantes, la honestidad, la propiedad, y los de falsedad.*" (VELÁSQUEZ V, Fernando. *Derecho penal: parte general*, Tomo I. Santiago: Editorial jurídica de Chile, 2011, p. 401).

[83] ZAFFARONI, Eugenio Raul e PIERANGELI, José Henrique, *Manual de direito penal brasileiro*, Parte Geral, 3ª ed. rev. e atual., São Paulo: Revista dos Tribunais, 2001, p. 183.

[84] "*Mesmo na civilização hebraica, com uma legislação arcaica, onde o direito confundia-se com a religião, percebe-se uma preocupação com a dignidade humana ao distinguirem o homicídio culposo do doloso, denotando uma atenção maior à responsabilidade penal subjetiva. Não há como se negar que a lei de talião, reconhecida pelo 'olho por olho, dente por dente', foi uma evolução, ao passo que estabeleceu uma proporcionalidade entre o mal causado pelo agente e a sua conseqüente punição. Vedava-se, assim, que o infrator recebesse um castigo maior do que a sua infração, impondo um limite à vingança*" (SANTORO, Luciano de Freitas. *Morte digna: o direito do paciente terminal*. 1ª ed., 2ª reimpr. Curitiba: Juruá, 2012, p. 52).

[85] "*O mais antigo monumento da legislação criminal é o Código de Hammurabi, do século XXIII A.C. Adotou os institutos do talião e da composição e manteve o caráter teocrático e sacerdotal da justiça primitiva*" (LYRA, Roberto. *Comentários ao Código Penal*, Vol. II.

morte, prisão, excomunhão, asilo aos homicídios culposos ("cidade dos asilos"), privação de sepultura e multa, e em casos de menor gravidade era permitida a composição, desde que reparado o dano à vítima e submetido o culpado a um sacrifício religioso. Constata-se uma preocupação de cunho subjetivo com a conduta culposa.

Entre os **gregos**, verifica-se um fundo religioso até a criação das cidades, sendo a vontade dos deuses representada pelo rei. Posteriormente, com o surgimento das cidades, a razão, e não a religião, passa a ser a fonte do conhecimento[86]. Dessa forma, a pena que outrora visava a satisfazer determinada divindade passa a ser benefício da própria sociedade. "Como conseqüência da base política da pólis (cidade-estado grega), sua lei penal não tinha base teocrática: os gregos não julgavam em nome dos deuses"[87].

Aos poucos, vê-se a necessidade de leis escritas, como o Código de Dracon, de 621 a.C., as quais trouxeram equilíbrio entre a liberdade individual e o poder estatal. Os sofistas sustentavam a razão como fonte do conhecimento. Para Platão, defensor da pena com caráter expiatório, com função de prevenção geral negativa pela intimidação, a lei tinha origem divina, e a justiça seria a harmonia entre as virtudes da alma, que seria imortal, equiparando o criminoso ao enfermo[88]. Já para Aristóteles, a pena era o meio apto para atingir o fim moral e o

---

Rio de Janeiro: Forense, 1942, p. 9.).
[86] *"A supressão de todo poder político superior coincide com a compreensão de que as ações humanas deveriam ter por critério o próprio homem, tornando este o principal objeto de análise e reflexão"* (SANTORO, Luciano de Freitas. *Morte digna: o direito do paciente terminal*. 1ª ed., 2ª reimpr. Curitiba: Juruá, 2012, p. 51).
[87] ZAFFARONI, Eugenio Raul e PIERANGELI, José Henrique, *Manual de direito penal brasileiro*, Parte Geral, 3ª ed. rev. e atual., São Paulo: Revista dos Tribunais, 2001, p. 185.
[88] *"LXXXI — A pena merecida para quem recebe castigo, quando é punido com justiça; é tornar-se melhor e tirar algum proveito com o castigo, ou servir de exemplo para outros, a fim de que estes, vendo-os sofrer o que sofrem, se atemorizem e se tornem melhores. Os que aproveitam com o seu próprio castigo, seja ele imposto pelos deuses, seja pelos homens, são os que come tem faltas remediáveis. Todavia, esse proveito só é alcançado por meio de dores e sofrimento, tanto aqui na terra como no Hades; não há outro modo de limpar-se da injustiça. Os culpados dos piores crimes, que, por isso mesmo, são incuráveis, são os que ficam para exemplo, sem que eles próprios tirem a menor vantagem disso, visto não serem passíveis de cura. Para os outros, porém, é proveitoso vê-los expiar eternamente os próprios erros por meio dos maiores, mais dolorosos e mais terríveis suplícios, expostos para exemplo na prisão do Hades, espetáculo e advertência, a um tempo, para quantos criminosos ali chegarem"* (PLATÃO. *Górgias*. Tradução: Carlos Alberto Nunes. Disponível em http://www.dominiopublico.gov.br/pesquisa/DetalheObraForm.do?select_action=&co_obra =2264).

reequilíbrio da Justiça[89].

Constata-se no direito penal **romano** a mesma evolução verificada na Grécia antiga. A evolução do direito romano coincide com a de Roma, estendendo-se entre os anos de 753 a.C. até 553 d.C. Característica marcante no início é o poder do "pater familias", a quem competia o direito de castigar, inclusive com pena de morte. Essas manifestações aborígenes perduraram no Período dos Reis (entre 753 e 510 a.C.), concorrendo a jurisdição familiar com a do rei, cujo poder era revestido de caráter religioso, sendo certo que no momento da fundação de Roma, em 21 de abril de 753 a.C., a pena tinha fundamento sagrado[90].

Posteriormente, o legislador deixa de se manifestar em nome dos deuses e busca a satisfação da própria sociedade, conforme se pode constatar na "Lei das XII Tábuas" (século V a.C.)[91]. Assim, há uma laicização do direito, encontrando-se distinção entre os delitos privados, perseguidos pela vítima, e os públicos, de interesse dos representantes do Estado, como o *"perduellio"* e o *"parricidium"*.

Em Roma, os delitos públicos eram tanto contra o Estado como contra o praticado em face de homens livres, desde que o Estado tivesse interesse em sua persecução. Com o Império Romano, os delitos, em sua maioria, passam a ser considerados públicos e perseguidos pelo próprio Estado[92]. Durante a época do Império (31 a.C. a 533 d.C.), os

---

[89] "*Para Aristóteles, ademais, a pena tinha por objetivo restabelecer a igualdade entre os indivíduos, violada pelo ato delituoso, dentre de uma proporção aritmética, entre o justo e o injusto... Dessa forma, a justiça penal se consubstancia no meio termo entre o ganho auferido pelo agente e a perda suportada pela vítima*" (MARQUES, Oswaldo Henrique Duek. *Fundamentos da Pena*. 3. ed. São Paulo: WMF Martins Fontes, 2016, p. 60).
[90] VELÁSQUEZ V., Fernando. *Derecho Penal: Parte General*, Tomo I. Santiago: Editorial jurídica de Chile, 2011, p. 402.
[91] "*Durante este lapso hace su aparición la Ley de las XII Tablas (año 450 a.C.), que contenía numerosas disposiciones de carácter penal; así como las leyes Cornelia y Julia – correspondientes al estadio conocido como 'clásico' dentro de la República -, mediante las cuales se prohibió la venganza privada, y quedó la represión penal en manos del poder público que dio amplia cabida a la prevención general, mediante la imposición de penas intimidatorias. Como es de suponer, ello llevó a limitar los poderes del* pater familias*"* (Ibid, p. 403).
[92] "*Já não se trata mais de bens jurídicos de particulares que são tutelados pelo Estado, mas se passa a considerar que os próprios bens pertencem ao Estado. O direito penal não é mais que um instrumento a serviço dos interesses do Estado. Já não haverá interesses particulares tutelados publicamente, mas todos os interesses serão públicos*" (ZAFFARONI, Eugenio Raul e PIERANGELI, José Henrique, *Manual de direito penal brasileiro*, Parte Geral, 3ª ed. rev. e atual., São Paulo: Revista dos Tribunais, 2001, p. 189).

tribunais dos funcionários públicos se convertem em órgãos da justiça penal, com funções de instruir e julgar, surgindo o "*cognitio extra ordinem*". O império corrompeu as instituições republicanas, e a justiça penal extraordinária passa a ser a regra, até pelo número de crimes contra a majestade.

Vale registrar ainda o *Digesto* ou *Pandectas*, por volta de 533 d.C., que em seus livros 47 e 48 continha uma compilação dos jurisconsultos penais clássicos e por muitos séculos exerceu grande influência [93]. Fazia parte do "Corpo Juris Civilis" de Justiniano. Segundo Ana Martín Minguijón, "*el objetivo de Justiniano fue crear un imperio fuerte y duradero asentado en tres pilares: la religión, el ejército y la ley*"[94].

II.1.3 - Idade Média

A **Idade Média** tem início com a queda do Império Romano (476 d.C.), perdurando do século 5 até o 15. Trata-se de um período marcado por práticas cruéis e atentados à dignidade da pessoa humana. O Ocidente sofre influência de práticas dos povos bárbaros, caracterizadas por crença em superstições e empregos de crueldades. Por séculos, o direito conheceu o emprego dos abomináveis juízos de Deus e ordálias. Não obstante essas práticas, houve uma evolução trazida pelos germânicos, consistente na possibilidade de composição do ofensor com a vítima, evitando assim a sanção.

O **direito germânico** é marcado por instituições próprias, distintas das romanas, e podem ser citadas a vingança de sangue (ou "Blutrache"), o estado de "Faida", como extensão da vingança a toda a família do ofensor, e a perda da paz ou "Friedenslosigkeit", que consiste em privar o infrator da proteção coletiva e submetê-lo ao poder do ofendido[95]. Trata-se da pena mais grave, já que qualquer pessoa

---

[93] Digesto, que vem do latim "*digerere*" e significa "por em ordem", ou pandectas, que tem origem do grego "*pandékoma*" e significa "recolho tudo".
[94] "*Este propósito excedía, sin duda, de su primer proyecto que consistía en la restauración del imperio—Renovatio imperii romanorum—. Para lograr su ambiciosa empresa, e instaurar la unidad del imperio, decidió establecer un nuevo orden jurídico y emprendió la obra que pretendía ser una auténtica labor legislativa*" (MINGUIJÓN, Ana Martín. *Digesto: una auténtica obra legislativa*. Madrid: Dykinson, 2013, p. 29).
[95] VELÁSQUEZ V, Fernando. *Derecho penal: parte general*, Tomo I. Santiago: Editorial jurídica de Chile, 2011, p. 404.

poderia matá-lo. Havia um sistema de composição, chamado de preço da paz ("Friedensgeld"), uma soma que o ofensor pagava ao Estado como retribuição pela perda da paz, recuperando a proteção estatal.

O predomínio do direito germânico estendeu-se do século 5 até o 11. Ao longo do tempo, perdeu o aspecto privatista, e o direito penal foi-se fazendo público. *"Era precisamente a paz o que perdia aquele que declarava guerra à sociedade (*Friedlosigkeit*) ou a um particular (*Faida*), e que podia recuperar pela* Wertgeld *ou composição, salvo em certos delitos,* como a traição ao Rei, em que não era admitida"*[96]*. Característica marcante do direito germânico era a responsabilidade objetiva, importando o dano causado e não a situação subjetiva de seu autor, com o restabelecimento da paz social pela reparação, ou seja, "função verdadeiramente reparadora do bem jurídico frente à tendência estatista do direito romano, que é a que passa à legislação penal posterior e predomina até os dias de hoje"[97].

Por seu turno, a jurisdição eclesiástica, de início, era aplicada apenas ao clero, porém com o tempo permitiu-se a *"denuntiatio"* de qualquer fiel e, ao longo dos séculos, o **direito canônico** passou a ter jurisdição sobre toda a Europa ocidental, com predomínio durante toda a Idade Média. "Com o trânsito do mundo greco-romano para o medieval, a fé religiosa marcou a unidade e a estabilidade entre os povos"[98]. Era competente para julgar ilícitos contra a religião, como nos casos de heresia, feitiçaria, sacrilégio e apostasia, bem como contra as regras de conduta, casos de adultério, usura, entre outros (nesses casos, em competência concorrente com a laica – justiça criminal comum). Não obstante, houve humanização do direito, já que com o Cristianismo o homem passa a ser visto à imagem e semelhança de Deus.

Álvaro Mayrink da Costa frisa que "o conceito de delito (*crimine, delictum, flagitum, scelus*) surge do conceito de pecado grave (*peccatum grave*) e as questões sobre imputabilidade (*imputabilitas*) e circunstâncias agravantes e atenuantes têm tratamento acurado"[99].

---

[96] ZAFFARONI, Eugenio Raul e PIERANGELI, José Henrique, *Manual de direito penal brasileiro*, Parte Geral, 3ª ed. rev. e atual., São Paulo: Revista dos Tribunais, 2001, p. 191.
[97] Ibid, p. 191/192.
[98] MARQUES, Oswaldo Henrique Duek. *Fundamentos da Pena*. 3. ed. São Paulo: WMF Martins Fontes, 2016, p. 69.
[99] COSTA, Álvaro Mayrink. *Direito Penal: parte geral*, vol. 1. 8ª ed. Rio de Janeiro, Forense, 2009, p. 197. E acrescenta o autor: *"A premeditação e a intenção delitiva (*malum propositum, voluntas, militia, dolus, sponte suadente, diabolo, sciens*) têm lugar no sistema*

O direito canônico perpetuava o caráter sacro da punição, que passou a ter intuito corretivo, visando à regeneração do delinquente. A sanção tem fundamento expiatório, visando ao arrependimento e à emenda do faltoso. Como não vigia o princípio da reserva legal, era possível aos juízes eclesiásticos aplicarem sanções diversas das previstas.

No direito canônico, a prisão foi largamente utilizada, seja ela como medida processual, ou mesmo como pena, com o escopo de propiciar a expiação e a emenda. A Igreja não pronunciava a pena de morte, mas limitava-se a afirmar a existência do crime punível com a vida, ante a impossibilidade de emenda do condenado, entregando-o ao braço secular, para que este o executasse. Resta, então, discutir se a Igreja Católica era a responsável pela pena capital aplicada, já que o carrasco não era seu empregado.

A tortura foi hostilizada pela Igreja até o século 13, quando, na luta contra a heresia, passou a aceitá-la e a utilizou largamente. Entende João Bernardino Gonzaga que, com o Tribunal do Santo Ofício, a Igreja pretendeu defender sua própria integridade, porém, paradoxalmente, o efeito se tornou inverso, e o fato de ter existido esse tribunal converteu-se na mais fervorosa "máquina de guerra".

Havia a sanção *post mortem*, na qual, em caso de o herege já ter falecido, mesmo assim lhe era aplicada a punição, abrindo-se o processo inquisitorial em que poderia ser condenado à pena máxima. Mas esse procedimento não foi exclusivo do direito canônico, pois também no direito penal secular eram comuns a condenação e a execução *post mortem*. Todavia, esta em virtude da finalidade intimidatória da pena, enquanto que, para o direito canônico, tal se devia à necessidade de se purificar a alma, de salvá-la.

A **justiça criminal comum** adotou no início o "sistema acusatório", reduzindo-se o julgamento a um confronto, já que o interesse em punir pertencia à pessoa lesada ou aos seus familiares. "No regime feudal a jurisdição pertencia ao senhor da terra e se exercia sobre todas as pessoas que nesta viviam"[100]. O procedimento era

---

*da época, sendo que a doutrina fazia distinção entre o dolus malus e o dolus bonus. Outrossim, havia o conceito de culpa em duas direções: no sentido lato (*sine culpa, nisi subit causa, non est aliquis puniendus*) e, de outro lado, identificada terminologicamente com a* neglegentia *(incúria)"* (Ibid).
[100] GONZAGA, João Bernardino. *A inquisição em seu mundo*. 5ª ed. São Paulo: Saraiva,

público, oral e formalista, com as partes prestando juramento de dizer a verdade e apresentando suas testemunhas, privilegiando-se a quantidade destas às suas declarações. Quando o juramento não era aceito ou não existissem testemunhas suficientes, utilizava-se o duelo e os "Juízos de Deus" ou ordálias, os quais "se baseavam na mesma crença, de um Deus sempre presente no mundo, a interferir nos negócios humanos"[101].

Com o crescimento das cidades e o surgimento de jurisdições municipais, associados ao fortalecimento do poder central, na figura dos reis, foram criados recursos às decisões dos senhores feudais, o que obrigou o emprego de procedimento escrito. No século 13, na Universidade de Bolonha, ressurge o *"Corpus Juris Civilis"*, também conhecido como renascimento do direito romano ou recepção do esquecido direito romano[102], nos quais se retoma a legislação justiniana. Essa missão ficou inicialmente a cargo dos glosadores, cuja tarefa era interpretar o *"Corpus Juris Civilis"*. Posteriormente, os pós-glosadores passaram a compará-lo com o direito vigente e com a jurisprudência de então. No século 16, surgem os práticos, que tiveram o desafio de sistematizar o trabalho anterior e emitir regras gerais.

Com o tempo, o sistema acusatório foi substituído pelo das provas legais[103] e, a partir desse momento, cada prova tinha seu valor. A confissão passa a ser considerada a rainha das provas, a *"probatio probatissima"*, generalizando-se a tortura, denominada "questão", cuja prática era considerada lícita e meio processual para apuração da verdade.

As leis penais eram prolixas e confusas, não vigorando os princípios do *"nullum crimen, nulla poena sine lege"* (legalidade) ou da taxatividade. A imprecisão da tipificação penal favorecia o arbítrio dos julgadores e não oferecia qualquer segurança aos acusados, permitindo-

---

1993, p. 22.
[101] Ibid, p. 23.
[102] *"Compreende-se: enquanto os costumes feudais eram rudimentares, não merecedores de confiança, os juristas medievais encontraram no Corpo Juris um conjunto prático, completo e coeso de normas sábias. Acresce que o Direito imperial romano estava montado sobre a ideia de centralismo político, o que muito convinha a uma Europa que nessa altura tendia ao predomínio do poder real"* (Ibid, p. 25).
[103] Cabe a advertência de João Bernardino Gonzaga: *"ressalvemos que a Inglaterra constituiu uma exceção na Europa occidental, porque permaneceu imune ao Direito romano. Manteve-se ali o sistema acusatório, com a publicidade dos processos, a oralidade dos debates e com a instituição do Júri, em que o réu é julgado por seus pares. Em regra, esse país não empregou a tortura"* (Ibid, p. 26).

se o uso da analogia e dos costumes.

A pena podia ser comunicada a terceiros, não vigendo o princípio da personalidade ou da responsabilidade criminal. Podiam ser aplicadas penas que ultrapassavam o autor do delito, como o confisco de bens e a "morte civil". Por fim, não vigorava o princípio da proporcionalidade da pena, sendo a pena de morte a sanção mais aplicada, mesmo aos delitos hoje considerados insignificantes.

As penas podiam ser classificadas em: privativas ou restritivas da liberdade; privativas ou restritivas de direitos outros; patrimoniais; e corporais. Por não existirem prédios construídos especialmente para servirem de prisões, eram utilizados outros considerados seguros, que se tornavam verdadeiros depósitos de seres humanos, sem qualquer preocupação com o tratamento humanitário.

Entre as penas privativas de direitos, encontramos a infâmia, que proclamava o réu em sentença como destituído de honra. Outra dessas penas era a morte civil, especialmente brutal, pois convertia o condenado em um morto-vivo, sendo-lhe poupada a vida biológica, mas para quaisquer outros efeitos era considerado morto. Para infrações menores, existia o pelourinho, mantendo-se o condenado exposto a público, com os pés e as mãos atadas.

As penas patrimoniais previstas eram de multa e de confisco de bens. Eram passados ao Estado todos os bens do condenado, reduzindo não apenas este à miséria, mas também todos aqueles que dele dependiam.

Por fim, existiam as penas corporais, que recaíam sobre o corpo do condenado, com o fim de causar-lhe dor, lesar sua integridade física ou privá-lo da vida, entre as quais encontramos a pena capital (punição por excelência), o açoite e as mutilações. "O que se buscava, mais do que a perda da vida, era o sofrimento do condenado"[104]. Ressalte-se que, em regra, aplicava-se, acessoriamente à pena capital, a confiscação de bens.

---

[104] Ibid, p. 43.

II.1.4 - Absolutismo

Já na Época Moderna, apenas no **absolutismo** ocorrem significativas mudanças para o direito penal. Como esclarece Oswaldo Henrique Duek Marques, "durante a Renascença, o castigo, defendido pelos mesmos autores como forma de intimidação ou como função medicinal, não chegou a alterar a concepção penal que serviu de alicerce para a Inquisição e para o próprio Direito Medieval"[105].

Assim, os autores renascentistas Nicolau Maquiavel, Thomas Hobbes, Thomas More e Tommaso Campanella, embora em diversos aspectos fossem progressistas à época, não deixaram de reforçar princípios do direito medieval e suas teses serviram de suporte ao Estado absolutista.

Exemplo desse pensamento progressista é a obra de Thomas More em que, embora não se afaste completamente do castigo ao condenado, é responsável pelas primeiras concepções da pena com finalidade reeducativa, inclusive com prestação de serviços à comunidade àqueles que não praticassem crimes com violência. Defendia o autor renascentista também a possibilidade de o condenado obter a liberdade através do bom comportamento[106].

No absolutismo, as penas não tinham por finalidade reeducar o criminoso, mas sim restabelecer o poder do soberano, através da intimidação, do temor à sua figura, razão pela qual se justificavam as penas mais cruéis possíveis. Trata-se de um período marcado pelas práticas cruéis, pelo suplício do condenado, pela utilização da pena com efeito claramente de amedrontar a população, reforçando o poder do monarca, que a tudo podia, inclusive sobre o corpo e a vida dos súditos[107].

---

[105] MARQUES, Oswaldo Henrique Duek. *Fundamentos da Pena*. 3. ed. São Paulo: WMF Martins Fontes, 2016, p. 95.
[106] MORE, Thomas. *Utopia*. Trad. Anah de Melo Franco, Brasília: Editora da Universidade de Brasília. Instituto de Pesquisa de Relações. Internacionais, 2004.
[107] *"Em verdade, o Absolutismo foi um período marcado por violências e arbitrariedades. Até a Revolução Francesa as penas e os castigos presentes eram a morte, o açoite, a reserva de provas, as galeras, a confissão e o banimento. A pena por excelência não era a de prisão, como ocorre hoje, mas sim a de morte. Esta última, porém, não era a mais aplicada, ao contrário: verifica-se que a maioria eram as de banimento e de multa. Contudo, estas poderiam ser aplicadas com uma acessória de suplício, como a marcação*

Talvez a cena que melhor represente o espetáculo que era a punição na Época Moderna seja a retratada por Michel Foucault, ao principiar a obra *Vigiar e Punir*[108]. A cena, forte, marcante e entristecedora, narra a execução da pena da pessoa de Damiens, em 2 de março de 1757, por ter sido condenado por parricídio. A ele foram impostas as sanções de pedir perdão em praça pública, de ter o corpo (mamilos, braços, coxas e barriga) queimado e atenazado com chumbo derretido, óleo fervente, piche em fogo, cera e enxofre e de ser esquartejado em praça pública, com o corpo sendo puxado e desmembrado por cavalos e em seguida consumido pelo fogo.

Com uma técnica magnífica, Michel Foucault demonstra que a execução, que deveria ser um espetáculo com fins intimidatórios, gradualmente não apenas perde sua função, como passa a ser repudiado pela população[109].

No Brasil, exemplo de tirania do Estado absolutista foi a condenação à pena capital de Joaquim José da Silva Xavier, o "Tiradentes", pelo crime de lesa-majestade, em 18 de abril de 1792, conforme se verifica do acórdão de seu julgamento:

> Portanto condenam ao réu Joaquim José da Silva Xavier, por alcunha o Tiradentes, alferes que foi da tropa paga da Capitania de Minas, a que, com baraço e pregão, seja conduzido pelas ruas públicas ao lugar da forca, e nela morra morte natural para sempre, e que depois de morto lhe seja cortada a cabeça e levada a Vila Rica, onde no lugar mais público será pregada em um poste alto, até que o tempo a consuma, e o seu corpo será dividido em quatro quartos, e pregado em postes, pelo caminho de Minas, no sitio da Varginha e das Cebolas, onde o réu teve as suas infames práticas, e os mais nos

---

com ferrete" (SANTORO, Luciano de Freitas. *Morte digna: o direito do paciente terminal*. 1ª ed., 2ª reimpr. Curitiba: Juruá, 2012, p. 56).
[108] FOUCAULT, Michel. *Vigiar e punir: nascimento da prisão*. 26ª ed. Trad. Raquel Ramalhete. Petrópolis: Vozes, 2002, p. 9/10.
[109] "*A punição pouco a pouco deixou de ser uma cena. E tudo o que pudesse implicar de espetáculo desde então terá um cunho negativo; e como as funções da cerimônia penal deixavam pouco a pouco de ser compreendidas, ficou a suspeita de que tal rito que dava um 'fecho' ao crime mantinha com ele afinidades espúrias: igualando-o, ou mesmo ultrapassando-o em selvageria, acostumando os espectadores a uma ferocidade que todos queriam vê-los afastados, mostrando-lhes a frequência dos crimes, fazendo o carrasco se parecer com criminoso, os juízes aos assassinos, invertendo no último momento os papéis, fazendo do suplicado um objeto de piedade e de admiração*" (Ibid, p. 12/13).

> sítios de maiores povoações, até que o tempo também os consuma, declaram o réu infame, e seus filhos e netos tendo-os, e os seus bens aplicam para o Fisco e Câmara Real, e a casa em que vivia em Vila Rica será arrasada e salgada, para que nunca mais no chão se edifique, e não sendo própria será avaliada e paga a seu dono pelos bens confiscados, e no mesmo chão se levantará um padrão pelo qual se conserve em memória a infâmia deste abominável réu.

Referido acórdão que condenou Tiradentes à morte por enforcamento, com exposição pública de partes de seu corpo, deixa clara a finalidade de embutir medo à população, com o objetivo de reafirmar poder do soberano, sem qualquer proporcionalidade retributiva e com a pena passando da pessoa do condenado.

II.2 - As Escolas Penais

A invasão da Bastilha, antiga prisão do século 14, ocorrida em 14 de julho de 1789, é o marco temporal para o início da Era Contemporânea e para as comemorações da Revolução Francesa. A Bastilha, na regência do Cardeal Richelieu, havia sido transformada em prisão de nobres, intelectuais e opositores da ordem estabelecida, do regime monárquico e da Igreja Católica.

Certamente, a Revolução Francesa não teve por fundamento apenas as graves arbitrariedades praticadas pelo Estado absolutista no corpo e na vida dos condenados. São também causas a importante crise financeira que assolava a França, fortemente agravada pelas guerras externas e pelo fato de 90% da população – que formavam o Terceiro Estado (artesãos, camponeses e burgueses) – sustentarem as demais classes sociais (nobreza e clero). Podem ainda serem citados como causas da Revolução, a doutrina de filósofos, economistas e enciclopedistas, que defendiam a adoção de regime mais justo e igualitário ao homem, os ideais democráticos da declaração de independência dos Estados Unidos e o desejo de abolir privilégios dos

Primeiro e Segundo Estados[110].

A Declaração de Independência dos Estados Unidos, de 4 de julho de 1976, e a Declaração dos Direitos do Homem e do Cidadão, de 26 de agosto de 1789, marcam o reconhecimento de direitos do indivíduo em face do Estado. Nessa primeira dimensão dos direitos humanos, há a valorização do homem como ser humano, o reconhecimento da universalidade material e concreta, das garantias fundamentais de liberdade, igualdade e fraternidade e dos direitos civis e políticos. Reconhece-se o indivíduo como titular dos direitos de resistência oponíveis em face do Estado.

Como esclarece Oswaldo Henrique Duek Marques, "com as novas conquistas liberais, ocorreu, no campo penal, o fim gradativo dos suplícios impostos pela vingança pública"[111]. A pena deixa tanto de ter o fundamento intimidatório necessário para fortalecer o poder do soberano, como a característica de penitência, em decorrência do reconhecimento do predomínio da razão sobre as questões religiosas, especialmente em face da influência dos enciclopedistas e filósofos iluministas[112].

II.2.1 - Escola Clássica

Com a obra "Dos Delitos e das Penas", de Cesare Bonesana, Marquês de Beccaria, de 1764, tem início a **escola clássica** do direito penal[113]. O termo "escola clássica", tão difundido hoje para caracterizar o pensamento contratualista, foi uma criação de Enrico Ferri, defensor da "escola positivista", que o fez de forma pejorativa, para se reportar aos pensamentos que lhe eram contrários. A escola clássica pode ser dividida em dois períodos: o filosófico ou teórico, cujo maior expoente foi Beccaria, considerado o pioneiro do direito penal liberal, e o jurídico ou prático, com Francesco Carrara, considerado o pioneiro da dogmática penal.

---

[110] ARAGÃO, Selma Regina. *Direitos humanos: do mundo antigo ao Brasil de todos*. 2ª ed. Rio de Janeiro: Forense, 1990, p. 39.
[111] MARQUES, Oswaldo Henrique Duek. *Fundamentos da Pena*. 3. ed. São Paulo: WMF Martins Fontes, 2016, p. 103.
[112] Ibid, p. 104.
[113] As reflexões do Marquês de Beccaria sobre crime e pena foram escritas três décadas antes da Revolução Francesa, em pleno Absolutismo, contra o qual se insurgiu.

Baseado no contrato social de Jean-Jacques Rousseau, Beccaria defendia que o homem cederia mínima parcela de sua liberdade em prol da existência comum e assim o fazia apenas por necessidade. Defensor ferrenho do livre-arbítrio, acreditava que somente as leis poderiam fixar as penas de cada delito, e o direito de fazer as leis penais é do legislador, que representa toda a sociedade reunida por um contrato social. Por essa razão, não poderia o magistrado ser mais severo do que a lei, pois seria injusto, já que acrescentaria castigo novo ao já determinado.

Advogou Beccaria também pelo princípio da igualdade, considerando que o soberano deve fazer leis gerais, a serem observadas por todos. Porém, seria vedado ao soberano julgar, pois quando um delito é praticado há duas partes: o soberano (alegando que o contrato social foi violado) e o acusado (que nega essa violação). Torna-se, então, necessário um magistrado para julgar de forma imparcial e pronunciar se houve ou não um delito.

Entendia que na aplicação da pena deveria ser observado o critério da necessidade, ou seja, bastaria provar que a atrocidade das penas seria inútil para considerá-la odiosa, revoltante, contrária à justiça e ao contrato social[114]. "É que, para não ser um ato de violência contra o cidadão, a pena deve ser essencialmente pública, pronta, necessária, a menor das penas aplicáveis nas circunstâncias dadas, proporcionada ao delito e determinada pela lei"[115]. Em consequência, a sociedade deveria buscar uma utilidade na sanção penal, a qual deveria ser proporcional ao delito, perdendo-se o fim de castigo, para ter lugar o critério da utilidade, o que beneficiaria a sociedade e o próprio delinquente.

Absolutista na pena de morte, a qual somente poderia ser aplicada para os delitos que pudessem colocar em risco a vida da nação, também era crítico da prática da tortura, "um meio seguro de condenar o inocente fraco e de absolver o celerado robusto"[116], e da prisão cautelar de longa duração, até porque a pessoa poderia ser considerada inocente ou a pena aplicada muito tempo depois perderia seu valor. Entendia que, para efeito de prevenção geral, seria necessário punir prontamente um crime cometido, já que a certeza dos castigos é que

---

[114] BECCARIA, Cesare Bonesana. *Dos delitos e das penas*. Col. Clássicos de Ouro. Tradução de Paulo M. de Oliveira. Rio de Janeiro: Tecnoprint Gráfica Editora, 1980, p. 36.
[115] Ibid, p. 203.
[116] Ibid, p. 68.

tem o condão de prevenir de forma mais eficaz a prática de novos crimes.

Jeremias Bentham, outro expoente da escola clássica, também adotava o critério da utilidade das penas. Segundo ele, o Estado deveria lucrar com a imposição do castigo, no sentido de evitar novos delitos. Sem se afastar da retribuição, já que a pena faz o criminoso passar por um padecimento, que decorre da sua própria vontade, defendia que o critério de necessidade da pena teria a finalidade de prevenção geral, no sentido de coibir ações de indivíduos que não praticaram o delito, mas que poderiam vir a praticar.

A obra de Bentham também ficou marcada pelo seu projeto de prisão em círculo, denominado panóptico, em que os detentos eram colocados em celas sempre direcionadas para o centro. Esse formato permitia a economia com funcionários e mantinha a visibilidade total e permanente dos detentos. Como se pode observar, a obra de Bentham foi de grande contribuição para a época. Embora defendesse a função retributiva da pena, na linha do pensamento clássico, sustentou sua medida na necessidade de prevenção geral, com critérios também voltados para a individualização.

Francesco Carrara, autor da obra Programa do Curso de Direito Criminal, de 1859, foi contemporâneo de Enrico Ferri, da escola positivista. Entendia que o "delito é a infração da lei do Estado, promulgada para proteger a segurança dos cidadãos, resultante de um ato externo do homem, positivo ou negativo, moralmente imputável e politicamente danoso"[117]. Portanto, no seu entender, deve ser respeitado o princípio da legalidade do delito e das penas, impostas por lei promulgada pelo povo, não se tratando nem de lei moral, revelada pelos homens através de sua consciência, ou religiosa, revelada por Deus. Utiliza-se de métodos dedutivos, pois o crime seria um ente jurídico, já que o delito constitui a violação de um direito a alguém, e o direito penal estabelece meios de defesa contra essa violação por meio de preceitos que proíbem determinados atos, cominando punições às pessoas que os cometam.

Além disso, o direito penal deve se preocupar com a exteriorização da ação ou omissão (e não com o estado de espírito do sujeito), através do livre-arbítrio do delinquente que com a prática do

---

[117] CARRARA, Francesco. *Programa do curso de direito criminal: parte geral*, vol. I. Trad. Ricardo Rodrigues Gama. Campinas: 2002, p. 59.

crime produziria dano ao ofendido (imediato) e à coletividade em face da repercussão social do fato (mediato).

Apesar das conquistas advindas da escola clássica, com a minoração e humanização das penas[118], a criminalidade recrudesceu. Constata-se o aumento da reincidência, associado à abstração do estudo do criminoso na aplicação da pena e no tratamento carcerário, o que fez com que Roberto Lyra avertisse que o direito penal distribuía "tôda a massa de delinquência em tipos abstratos passíveis de penas generalizadoras, sem atender à personalidade de cada um, a realidade impunha novos rumos"[119].

II.2.2 - Escola Positiva

A **escola positiva** nasceu como uma reação à escola clássica e teve origem com a obra de *Cesare Lombroso, "O Homem Delinqüente"* (1876). O autor baseou sua obra no estudo da frenologia (ciência que estuda a pessoa com base na característica do crânio), fisionomia (arte de conhecer o caráter da pessoa pela sua fisionomia) e antropologia (que descreve o ser humano com características biológicas).

O criminoso era visto e entendido como um ser anormal fadado a cometer crimes. Tão logo violasse a norma, era considerado criminoso e, portanto, um ser anormal. Esse comportamento somente seria de interesse quando começasse a representar um perigo para a sociedade. Para os positivistas, não havia diferença entre a sanção penal e a medida de segurança. A finalidade da pena não era retributiva, ao contrário, era exclusivamente preventiva, na sua vertente especial negativa de segregação, anulação do delinquente, com a consequente proteção da sociedade.

Entre as principais características da Escola Positiva destacam-se: crime como realidade fenomênica; responsabilidade social do

---

[118] "*As conquistas do período paraninfado por Beccaria e continuado pela escola clássica trouxeram a minoração e a humanização das penas, a abolição, aliás eventual, da pena de morte em alguns países, e, noutros, a restrição de sua aplicação, o desaparecimento das penas corporais e infamantes, a construção de novas prisões, com cuidados higiênicos, a cogitação da reforma dos condenados, com o sistema correcional e a assistência aos egressos*" (LYRA, Roberto. *Comentários ao Código Penal*, vol. II. Rio de Janeiro: Forense, 1942, p. 22).
[119] Ibid, p. 22.

homem; periculosidade do homem; sanção como instrumento de defesa social e não como castigo. Entendia o delinquente como uma espécie do gênero humano que dificilmente se recuperaria e, por isso, não poderia haver limite para sua sanção, podendo retornar ao convívio social somente quando não representasse mais qualquer risco à sociedade[120].

Para Cesare Lombroso, o criminoso tinha características perversas, dentre as quais se destacavam a resistência maior à dor (analgesia), a desvulnerabilidade (não sofriam consequências por seus atos), além da ausência de caracteres morais pela prática do crime. Para ele, o criminoso era uma espécie do gênero humano, que pratica necessariamente o crime.

Enrico Ferri entendia que o criminoso poderia ser equiparado ao inimputável, pois ambos não teriam o livre-arbítrio. Nessa linha de pensamento, defendia até mesmo a aplicação da pena antes da prática do crime, pois seria a única forma de defender a sociedade. Classificou cinco categorias de criminosos: os natos, com base no atavismo; os que praticavam o crime por paixão; os loucos; os de ocasião; e os habituais.

Responsável pelo início do estudo da criminologia como ciência, Garófalo estabeleceu o conceito de delito natural e defendeu a criminosidade nata do delinquente, pois seriam pessoas fadadas a cometer delito, razão pela qual se justificava a pena indeterminada para proteger a sociedade. A pena seria, pois, o remédio aos delinquentes. Também advogou pela pena de morte para os criminosos considerados invencíveis.

Escorado nos ensinamentos de Ferri e Garófalo, Eugenio Florian respondia à velha indagação sobre a proporção entre pena e delito, afirmando que a individualização da pena deve especializar-se e adaptar-se, tanto quanto possível, à personalidade do agressor. No seu entender, os cálculos para medir abstratamente a quantidade de sanção,

---

[120] Eugenio Raúl Zaffaroni e José Henrique Pierangeli criticam a escola positiva por entender que o "*homem era uma coisa entre outras coisas, e existiam os de melhor e de pior qualidade. Os de pior qualidade, os 'degenerados' e biologicamente deficientes, caíam na escala social, por um processo de decantação 'natural', e deviam se controlados pelos que se mantinham no poder, pois se convertiam em uma 'classe social perigosa'. O 'crime' era a manifestação de uma inferioridade, que nem sempre podia ser corrigida (em tal caso impunha-se eliminar ou segregar definitivamente o portador). O grupo de poder era quase invulnerável a tais 'sanções', pois sua 'superioridade genética' ou 'biológica' o preservava. Somente por acidente, algum de seus integrantes poderia ser atingido*" (ZAFFARONI, Eugenio Raul e PIERANGELI, José Henrique, *Manual de direito penal brasileiro*, Parte Geral, 3ª ed. rev. e atual., São Paulo: Revista dos Tribunais, 2001, p. 296).

em correspondência com o fato, representariam um esforço infrutífero e estéril. Em consequência, *"non si tratta di trovare una formula teorica di proporzione; si tratta di determinare il regime, praticamente più adatto, alle varie specie o categorie di delinquenti"*[121].

II.2.3 - *Terza Scuola* italiana

Manuel Carnevale dá início a uma corrente eclética com a publicação, ainda em 1891, do artigo *"Una Terza Scuola di Diritto Penale in Italia"*. Entre seus adeptos podem ser citados Bernardino Alimena e Giovanni Battista Impallomeni. Trata-se de uma concepção que buscava conciliar os postulados extremados das duas escolas anteriores, sem romper por completo com as orientações predecessoras.

A *Terza Scuola* adere ao princípio da responsabilidade moral, porém sem fundamentá-la no livre-arbítrio, aceitando a distinção entre imputáveis e inimputáveis, bem como entre pena e medida de segurança. O crime é um fenômeno social e individual, condicionado pelos fatores apontados por Enrico Ferri, enquanto o fim da pena seria a defesa social[122].

II.2.4 - Correcionalismo

Não obstante a discussão se **correcionalismo** é ou não uma escola do direito penal, deve-se partir da premissa de que esse movimento, que aparece na segunda metade do século 19, trouxe concepções novas que influenciaram diversas legislações penais (com consequências visíveis até a presente data[123]).

Zaffaroni e Pierangeli sustentam que uma das reações ao pensamento filosófico de Hegel – *"filósofo útil ao Estado prussiano, com suas aspirações de hegemonizar a unidade alemã, e que, com a intenção de fortalecer o Estado italiano depois da unidade, também*

---

[121] FLORIAN, Eugenio. *Trattato di diritto penale.* Vol. I. Milano: Dottor Francesco Vallardi s/d, p. 114.
[122] BITENCOURT, Cezar Roberto. *Tratado de direito penal: parte geral,* vol. 1. 16ª ed. São Paulo: Saraiva, 2011, p. 91.
[123] Origem de institutos como livramento condicional, suspensão condicional da execução da pena, e sistema progressivo.

tenha sido introduzido na Itália"[124] – foi o correcionalismo, que teve em Christian Friederich Krause a sustentação filosófica.

O correcionalismo não teve sua origem na Espanha, embora tenha tido nesse país maior influência. De fato, foi Karl David August Röder o expositor penal da teoria de Krause[125]. Para esse professor alemão, o direito era um conjunto de condições dependentes da vontade livre, para cumprimento da vontade do homem. Em consequência, tratava-se de norma de conduta indispensável à vida humana, razão pela qual estava o Estado obrigado a promover a adaptação do criminoso à vida social e, inclusive, à sua emenda íntima. Assim, a sanção penal deveria durar o tempo necessário, nem mais, nem menos, para corrigir a vontade má do delinquente[126].

Basileu Garcia ensinava que a doutrina correcionalista surgiu com Röder como um paradoxo, dado seu espírito inovador e revolucionário em relação à tendência da época. Se o fim da pena é corrigir *"a injusta e perversa vontade do criminoso"*, não pode ser determinada, fixa, como era defendida pelos clássicos e deveria ser

---

[124] ZAFFARONI, Eugenio Raul e PIERANGELI, José Henrique, *Manual de direito penal brasileiro*, Parte Geral, 3ª ed. rev. e atual., São Paulo: Revista dos Tribunais, 2001, p. 286. Porém, o pensamento de Christian Friederich Krause foi ignorado na Alemanha por não oferecer elemento útil ao estado prussiano e, posteriormente, difundido na Espanha, através de Julián Sanz de Rio: *"No sistema idealista de Krause – semelhante ao de Schelling, ainda que com maiores componentes inconscientes -, no 'eu' coincidiam a 'natureza' e o 'espírito', ambos abarcados pela 'Humanidade', mas constituindo três infinitos 'relativos' que demandavam um 'infinito absoluto' que é Deus. Daí que todo o seu sistema fosse 'em Deus', razão pela qual afirmava que não era 'panteísta' (tudo é Deus), mas 'panenteísta' (tudo em Deus). De sua afirmação de tudo é 'em Deus' deriva-se a ética krausista, que no fundo é muito similar à ética estóica. O fim da ética krausista é a felicidade, que é alcançada pelo amor entre os homens, que assume a forma de uma enorme confraria humana. Todos os seres inclinam-se a Deus e a ética krausista propõe-se favorecer esta tendência. Disso deduz-se que o fim do direito, para Krause, será a facilitação da realização da essência do homem, isto é, da inclinação a Deus. Nisto consiste o direito natural idealista que Krause propugna: o direito que facilita a tendência a Deus. Como tudo o que é o é em Deus, isto não se limita ao homem, e, portanto, o direito abrange também a chamada 'justiça subumana', ou seja, estendida a coisa e animais"* (Ibid, p. 287).
[125] *"Tem todos os inconvenientes próprios da perspectiva de que parte. Para o correcionalismo de Röder, o direito penal – e a pena como seu instrumento – tem uma missão moral: mostrar-se ao homem o caminho de sua liberdade, que se encontra em sua aproximação a Deus. A natureza claramente mística desta teoria faz com que não seja uma simples teoria da prevenção especial, orientada a evitar o cometimento de delitos, e sim uma teoria em que a prevenção especial é um resultado vinculado a seu objetivo principal, que é o melhoramento do homem, entendido idealisticamente"* (Ibid, p. 288).
[126] NORONHA, E. Magalhães. *Direito Penal*. Vol. 1, atual. por Adalberto José Q. T. de Camargo Aranha, São Paulo: Saraiva, 1999, p. 34.

cessada a execução quando se tornasse desnecessária[127]

Interessante observar que o pensador alemão não teve grande influência em seu país; todavia, sua teoria recebeu grandes adeptos na Espanha, entre eles Dorado Montero (*"El derecho protector de los criminales"*, *"El derecho y sus sacerdotes"*) e Concepción Arenal (*"El visitador del pobre"*, *"Visitador del preso"*, *"Estudios penitenciarios"*, *"El delito colectivo"*, *"El derecho de gracia ente la justicia"*). Destaca-se também Luiz Jiménez de Asúa (*"El criminalista"*, *"Tratado de derecho penal"*) discípulo de Dorado Montero, para quem a pena deve ter um fim ressocializador.

Dorado Montero defendeu a implantação de métodos corretivos e tutelares com o fim de tratar, redimir o criminoso, para que pudesse ele, então, curado, retornar à sociedade. A finalidade da pena seria a emenda moral do criminoso, com a consequente imposição pela sociedade de seus valores morais e éticos. O delito seria apenas um sintoma de anormalidade psíquica do delinquente, demonstrando a obrigação do Estado em corrigi-lo, mediante tratamento (médico-pedagógico), para que pudesse conviver em sociedade, razão pela qual se faz necessário invadir outras áreas do conhecimento, como a antropologia, a sociologia e a psicologia[128].

Jesús Lima Torrado, professor da Universidade Complutense de Madrid, defende a tese de que o correcionalismo, *"para construcción de sus doctrinas penales, y en general de todo su pensamiento, ni parte de presupuestos deterministas, heredados del positivismo italiano, ni llega en sus conclusiones a una posición negadora del livre albedrío"*[129]. Assim, Dorado Montero pertenceria a uma posição intermediária entre o determinismo radical (biológico, sociológico) e o

---

[127] GARCIA, Basileu, *Instituições de Direito Penal*, vol. I, tomo I, 2ª ed. rev. e atual., São Paulo: Max Limonad, 1954, p. 71.
[128] *"Acostumados todos nós a ouvir falar de um direito protetor da sociedade, o título desse livro reclama a explicação que o autor ministra. O Direito Penal visa converter o criminoso em homem do bem. É preciso subtraí-lo à esfera das causas perversoras que o rodeiam e o conduzem à prática do mal. Devem ser-lhe aplicados os meios ressocializadores adequados à suas tendências, às falhas da sua personalidade. Ao Estado cabe ampará-lo tal qual faz com outros deficientes, porquanto dá curador ao louco e tutor ao menor a que falta a assistência dos pais"* (GARCIA, Basileu, *Instituições de Direito Penal*, vol. I, tomo I, 2ª ed. rev. e atual., São Paulo: Max Limonad, 1954, p. 72).
[129] LIMA TORRADO, Jesús. "El problema del libre albedrío en el pensamiento de Dorado Montero" in *Doctrina penal: teoría y práctica en las ciencias penales*. Ano 1, nºs. 1 a 4, Buenos Aires: Depalma, 1978, p. 724.

indeterminismo absoluto, ou seja, afirmaria certo grau de determinismo como compatível com a liberdade humana[130].

Sustenta Lima Torrado que a teoria da tutela penal de Dorado Montero não depende de sua concepção de livre-arbítrio, inclusive cita o próprio autor espanhol[131] que defende a sua aplicação tanto para os defensores do determinismo, quanto para os partidários do livre-arbítrio. Conclui que, para Dorado Montero, o direito – seja ele natural ou positivo – é criação exclusivamente humana, fruto de sua função teleológica e voluntária, exercida mediante a razão. A consciência tem função meramente receptiva, de apreensão dos princípios que vêm da ordem jurídica natural-objetiva (superior), e é a própria consciência humana quem formula as normas e os critérios que deverão ser obedecidos pelos homens na vida social[132]. Esses princípios seriam o direito natural para Dorado Montero Assim, a recuperação, a emenda do delinquente deve ser perseguida pela sociedade como dever absoluto de justiça.

Jiménez de Asúa, assumidamente discípulo de Dorado Montero, propunha edificar um *"derecho protector de los criminales, que es negatorio del multisecular ius puniendi en cuanto éste es, en su estricto sentido, el derecho de imponer castigos"*[133], proclamando assim o direito do Estado de intervir com o tratamento daqueles que violam suas normas. Asúa, amparado em estudos de psicanálise, acreditava que o sentimento de culpabilidade estimula a prática de crimes, e a pena, ao invés de intimidar o homem, o incentiva a violar a lei, e que o sistema repressivo deve ser repensado para possibilitar tratamentos educativos e

---

[130] Ibid, p. 732/733.
[131] A citação referida é do livro de Dorado Montero, *Bases para un nuevo derecho penal*, Barcelona: Manuales Soler, tomo XXIII, 1902, p. 195: *"Aplicar el principio "a cada uno según sus necesidades" al orden penal reclama – dice Dorado – que a los delincuentes se les preste (so pena de faltar a la justicia) todos aquellos medios que por su especial situación de inferioridad necesiten. Y como este principio (que es el equivalente, entre los hombre, al de la misericordia divina, de que los teístas hablan) pueden profesarlo todos los pensadores, ya sean partidarios, ya enemigos del libre albedrío o del determinismo, pues todos pueden y deben ser misericordiosos, benevolentes, piadosos, humanitarios, caritativos, y ninguno debe devolver mal por mal, sino todos y siempre hacer el bien, auque a él le hagan mal, aparece evidente la conclusión de que, por encima de la diversidad de opiniones respecto de la solución que a ella se le dé, pueden darse la mano los adversarios, deponer sus diferencias y colocarse en un terreno común donde poder cooperar a un mismo fin"* (Ibid, p. 729).
[132] Ibid, p. 731/732.
[133] ASÚA, Luis Jimenez de. *El criminalista*, Tomo IV. Buenos Aires: La Ley, 1944, p. 59/60.

ressocializadores.

Para Concepción Arenal, o objetivo da pena é fazer com que os condenados entrem na esfera da justiça, a qual haviam abandonado. Para a autora *"este objeto no se consigue buscando un efecto de la pena con exclusión de los otros, sino comprendiendo y respetando sus naturales armonías; porque, como hemos dicho, si la pena impide la infracción del derecho, le afirma; si mortifica, escarmienta; y no puede corregir, sin ser una afirmación solemne de la justicia, sin mortificar, sin ser ejemplar*[134]*"*

Os defensores do correcionalismo entendem que o direito penal pode intervir com pena indeterminada, desde que não seja utilizado para castigar os criminosos, mas, ao contrário, protegê-lo, pois são pessoas que merecem ser reerguidas. A função da pena seria a recuperação, a cura[135] dos criminosos, por meio do tratamento, donde vêm as célebres frases de Concepción Arenal, "não há criminosos incorrigíveis e, sim, incorrigidos", e de Dorado Montero, "juiz severo e temível deve desaparecer para deixar seu cargo para um médico...".

Figueiredo Dias sustenta que os defensores do correcionalismo "convergiam na idéia de que todo o homem é, por sua natureza, susceptível de ser corrigido, pelo que a pena se deve, antes de tudo, propor operar a correção do delinqüente como única (e melhor) forma de evitar que ele, no futuro, continue a cometer crimes"[136].

Enquanto para a escola clássica o criminoso era um ser racional e para os positivistas um ser determinado e fadado à prática criminosa, para os correcionalistas era um doente que precisava ser tratado, pois

---

[134] ARENAL, Concepción, *Estudios Penitenciarios*, Madrid: Librería de Victoriano Suarez, 1895, p. 145.
[135] *"La pena ha de huir de toda crueldad, y aun de toda dureza, pero ha de ser severa y firme, aceptando el dolor como su ley; ley triste pero imprescindible. Este dolor no ha de ser material, porque no es la materia del hombre lo que se trata de modificar, sino su espíritu; pero no pudiendo separar en esta vida su cuerpo de su alma, algunas mortificaciones materiales hay que imponerle, porque la pérdida de la libertad las lleva inevitablemente consigo. En cuanto á las morales, con las físicas, no son justas, sino en tanto que son indispensables, pero necesarias han de ser en cierta medida, porque lo es el dolor para toda enmienda. La pena no puede eludir esta ley, ni debe intentarlo: es ley escrita en la conciencia humana, que quien ha tenido placer en el mal, no pueda voltar al bien, sin borrar con dolor aquella desordenada complacencia. ¿Qué es el remordimiento sino un dolor, y el más terrible de los dolores?"* (Ibid, p. 455/456).
[136] DIAS, Jorge de Figueiredo, *Questões fundamentais do direito penal revisitadas*. São Paulo: Revista dos Tribunais, 1999, p. 104.

tinha possibilidade de recuperação.

Característica do correcionalismo é a humanização do cumprimento da pena. A pena deixa de ser vista com um mal (castigo) dos retribucionistas, e torna-se um verdadeiro bem ao condenado, que teria a oportunidade de ser curado, através de sua conformação íntima (mudança moral). E considerando que a pena seria um bem ao delinquente, que teria a oportunidade de ser tratado e curado, sua duração deveria ser indeterminada, cessando apenas quando o indivíduo estivesse apto a retornar à vida em sociedade.

Oswaldo Henrique Duek Marques sublinha que a sanção funciona como espécie de tratamento da saúde da alma, devendo ser boa na sua essência. Acrescenta que, "quanto à execução penal, deve nela existir um duplo interesse na busca da justiça: o do condenado, de corrigir-se, e o da sociedade, de que se corrija. Assim, a pena transforma-se num bem para o condenado e para a própria comunidade social"[137].

De fato, historicamente, o correcionalismo sucedeu a escola clássica, inclusive insurgindo-se contra seus postulados. Para os correcionalistas, a pena não deveria ter finalidade retributiva, de puro castigo pela prática de um ato proibido. A finalidade deveria ser preventiva especial, de recuperação, por sistema individualizado.

II.2.5 - Teoria Socializadora

A atual **teoria socializadora** da pena originou-se do correcionalismo, apesar de praticamente ter-se afastado dessa teoria, porque busca modificar o indivíduo em sua forma de agir e pensar, tratando-se de verdadeira imposição de conduta por meio de uma lavagem cerebral[138].

A diferença entre as teorias socializadora e correcional é

---

[137] MARQUES, Oswaldo Henrique Duek. *Fundamentos da Pena*. 3. ed. São Paulo: WMF Martins Fontes, 2016, p. 148-149.
[138] *"Em nossos dias, uma teoria que defenda semelhantes princípios causa grandes inconvenientes, porque imaginamos um 'melhoramento moral' por meio de uma adequada 'lavagem cerebral' que nos 'libere', mostrando-nos o caminho que conduz ao 'ser absoluto'"* (ZAFFARONI, Eugenio Raul e PIERANGELI, José Henrique, *Manual de direito penal brasileiro*, Parte Geral, 3ª ed. rev. e atual., São Paulo: Revista dos Tribunais, 2001, p. 288).

apontada por Oswaldo Henrique Duek Marques[139]: para a primeira o delito é visto como uma carência nos processos de socialização, sendo o escopo principal da intervenção punitiva estatal a reinserção social do criminoso, integrá-lo novamente ao meio social; por outro lado, a teoria correcional busca a emenda do criminoso através de transformações qualitativas de sua atitude interna, em sua vontade, tendo, portanto, caráter estritamente pedagógico e tutelar.

Enfatizam-se, assim, duas teorias socializadoras: uma que destaca o programa mínimo de socialização e considera socializado o indivíduo que passe a agir em conformidade com o ordenamento jurídico (não volte a delinquir); e outra que defende um programa máximo de socialização e considera socializado o indivíduo que modifique a maneira de agir, a sua maneira de contribuição.

Gustavo Junqueira aponta quatro críticas à teoria correcionalista: a) a aplicação de uma pena indeterminada, que não atinge os fins de garantia do direito penal; b) a conformação íntima, pois em uma democracia a pretensão de conformar a esfera íntima do indivíduo não pode ser imposta, sendo certo que a missão do direito penal não deve ser a imposição de ideias morais; c) a pena não justificada para os indivíduos considerados socializados, nos casos em que é inútil ou desnecessária a ressocialização; e por fim d) o direito penal utilizado como instrumento de dominação social, pela classe ideológica e/ou econômica dominante, que pune os que não respeitam suas imposições, mas perdoa seus próprios membros[140].

---

[139] MARQUES, Oswaldo Henrique Duek. *Fundamentos da Pena*. 3. ed. São Paulo: WMF Martins Fontes, 2016, p. 190-191.

[140] JUNQUEIRA, Gustavo Octaviano Diniz, *Finalidades da pena*, Barueri: Manole, 2004, p. 88/90. ROXIN critica a ideia da correção e questiona *"o que legitima a maioria da população a obrigar a minoria a adaptar-se aos modos de vida que lhe são gratos? De onde vem o direito de poder educar e submeter a tratamento contra a sua vontade pessoas adultas? Porque não hão-de poder viver conforme desejam os que o fazem à margem da sociedade – quer se pense em mendigos, prostitutas ou homossexuais? Será a circunstância de serem incômodos ou indesejáveis para muitos dos seus concidadãos, causa suficiente para contra eles proceder com penas discriminatórias? Tais perguntas parecem levemente provocadoras. Mas com elas apenas se prova que a maioria das pessoas considera como algo de evidente o facto de se reprimir violentamente o diferente e o anômalo. Todavia, saber em que medida existe num Estado de Direito competência para tal, eis o verdadeiro problema que a concepção preventivo-especial não pode à partida resolver, porque cai fora de seu campo de visão"* (ROXIN, Claus. *Problemas fundamentais de direito penal*. 3ª ed., Trad. Ana Paula dos Santos Luís Natscheradetz. Lisboa: Vega, 1998, p. 22).

II.2.6 - Tecnicismo jurídico-penal

O tecnicismo jurídico-penal é um movimento de defesa social do início do século 20, que tem como principais expoentes Arturo Rocco, Vincenzo Manzini, Edoardo Massari, Ottorino Vannini e Karl Binding. Sua finalidade é delimitar o objeto do direito penal, que não pode restar adstrito a questões causais-explicativas, pois "estas se situam no setor da Antropologia e da Sociologia"[141]. Em consequência, não tem o direito penal "por fim buscar a gênese ou a etiologia do delito, mas deve ocupar-se com seu estudo, como fenômeno jurídico. Seu objeto é definir, classificar e sistematizar conceitos existentes nas leis que se ocupam do crime; é a consideração dos institutos jurídicos"[142].

Segundo Basileu Garcia, para esta corrente "*a ciência criminal deve preocupar-se com o Direito Penal vigente, com o estudo da lei positiva, abstraindo-se o criminalista das indagações de natureza filosófica*"[143], além de seperar o direito da ciências penais, criando um verdadeiro direito penal autônomo.

Para os defensores do tecnicismo jurídico-penal, o saber jurídico deveria ser separado do conhecimento social. Ao direito penal não seria dada oportunidade para questionamentos filosóficos ou sociais. Somente a lei positivada seria de interesse dos estudiosos do direito penal[144], razão pela qual o método dogmático proposto por essa corrente seria o único que poderia produzir a ciência penal. Parte do pressuposto de que não existe sociedade sem dogmas, entendidos como pontos fixos de referência, e como apenas as normas não são suficientes para regrar os comportamentos, fazem-se necessárias regras de interpretação, de dupla abstração, distanciando-se da realidade social[145].

---

[141] NORONHA, E. Magalhães. *O tecnicismo jurídico-penal*. Revista Brasileira de Criminologia e Direito Penal, Rio de Janeiro, v. 1, n. 1, p. 103., abr./jun. 1963.
[142] Ibid.
[143] GARCIA, Basileu, *Instituições de Direito Penal*, vol. I, tomo I, 2ª ed. rev. e atual., São Paulo: Max Limonad, 1954, p. 112.
[144] "*Assim, como o positivismo naturalista é o culto ao fato, o positivismo jurídico pode ser definido como o culto ao fato "no jurídico", isto é, considerando que "fato", no jurídico, são as leis (as leis positivas). O único direito e toda a sua base de interpretação são as leis, a letra da lei*" (ZAFFARONI, Eugenio Raul e PIERANGELI, José Henrique, *Manual de direito penal brasileiro*, Parte Geral, 3ª ed. rev. e atual., São Paulo: Revista dos Tribunais, 2001, p. 306/307).
[145] GOMES, Mariângela Gama de Magalhães. *O tecnicismo jurídico e sua contribuição ao*

Trata-se de um estudo sistemático do direito penal subtraído das leis vigentes, com o qual o jurista deve se preocupar. Noronha afirmada que "seu método não é o puramente racional de investigação filosófica da Escola Clássica nem o experimental do Positivismo-Naturalista, mas o *técnico-jurídico"* [146], portanto no estudo do direito penal seu método "é único, é dedutivo, é técnico-jurídico" [147].

Verifica-se, assim, que para essa corrente o importante é o ordenamento jurídico. O direito penal deve ser apartado de qualquer realidade contrária à legislação, não lhe cumprindo dizer o que deve ou não ser criminalizado.

O tecnicismo jurídico assemelha-se à escola clássica quanto à delimitação do objetivo e ao método de trabalho, suprimindo toda e qualquer análise metafísica ou ideológica[148]. Com relação ao livre-arbítrio, os defensores do tecnicismo jurídico entendem por imputável todo aquele indivíduo que tiver capacidade para entender o fato descrito no tipo penal e quiser praticá-lo, isto é, a consciência e a vontade.

O delinquente é o autor da conduta delituosa que lesou o bem jurídico protegido pela norma, sem indagações biológicas ou sociais, já que seus atributos não pertencem ao direito penal. A pena é consequência ou efeito da prática do delito, com as finalidades de prevenção especial e geral.

Arturo Rocco defendia que o fim da sanção jurídica somente pode ser a prevenção que se realiza pela coação psicológica e social que se deriva da ameaça. Assim, *"la intimidación no es sino fuerza, violência, coacción: fuerza, violência, coación moral, que es como decir que es psicológica, impulsora o compulsiva"*[149]. A coação

---

direito penal. Revista Liberdades, São Paulo, n. 15, p. 178-191., jan./abr. 2014.
[146] NORONHA, E. Magalhães. O tecnicismo jurídico-penal. Revista Brasileira de Criminologia e Direito Penal, Rio de Janeiro, v. 1, n. 1, p. 105., abr./jun. 1963.
[147] Ibid.
[148] *"Temos para nós que, realmente, o Tecnicismo Jurídico-penal filia-se à Escola Clássica, mas aparando exageros seus. Com efeito, êle não se concilia com os excessos filosóficos a que se entregaram numerosos clássicos e aqui está um dos pontos característicos dêle Todavia, cumpre notar que o repúdio da filosofia não é total o que se impugna é o exagêro. Se é verdade haver* Manzini *dito que* 'L'umanità, fortunatamente, ha ben altro da fare che oziare nelle tasticheria filosofica', *não é menos certo que êle tinha em mente o* 'dilettantismo filosofico, al quale si abbandonarano i criminalisti, specialmente a partire dal secolo XVII" (Ibid).
[149] ROCCO, Arturo. *Cinco estudios sobre derecho penal*. Buenos Aires: Julio César Faira,

psicológica derivaria da própria sanção jurídica e, portanto, se exerce sobre todos que compõem a comunidade jurídica, motivo pelo qual seria uma necessidade psicossocial inerente à própria ameaça. Para Rocco, o direito regularia em seus tipos e sanções inclusive quem o ignora, obrigaria por si mesmo, seja justo ou injusto, e realizaria a coação psicossocial, em que se fundamenta a sanção jurídica, através do sentimento[150].

O prazer do indivíduo de praticar a ação contrária ao direito seria contraposto psicologicamente pela ameaça de sofrer um mal maior, através da pena como resposta àquele que pratica a infração, motivando as ações humanas obrigatórias, de acordo com o direito[151]. Entende assim o jurista italiano que a sanção apresenta tanto um fim preventivo geral, destinado a toda a coletividade, como individual, destinado àquele que atua de forma contrária ao direito. A intimidação é o seu denominador comum.

A prevenção geral teria inicialmente a finalidade de intimidar a coletividade com a ameaça de imposição da dor, evitando a prática da conduta. Também encontraria uma segunda finalidade, que seria a satisfação e a segurança, que motiva a sociedade ofendida em seus bens e interesses a aplicar a pena, com a confiança da autoridade e força do Estado, especialmente no respeito e cumprimento de suas normas.

Com a prática da infração, fica evidente que o autor do ilícito não se intimidou com a pena, por isso é necessário impor outro motivo para evitar que torne a delinquir, e *"este motivo es el recuerdo del mal sufrido y del dolor experimentado por la ejecución de la amenaza"*[152]. Representa a força intimidatória da coação psicológica individual da sanção aplicada, denotando a virtude educadora da imposição da dor. E, para que tenha o efeito psicológico necessário, é preciso que a aplicação da pena pela conduta contrária ao direito seja consequência certa e inexorável.

A prevenção especial também teria uma segunda finalidade, que consiste na segurança e na satisfação e/ou reparação do particular ofendido ou prejudicado com o crime. A vítima teria seu ressentimento com o sofrimento e o dano experimentados compensados com a dor

---

2003, p. 134.
[150] Ibid, p. 136.
[151] Ibid, p. 137.
[152] Ibid, p. 139.

imposta ao violador do direito e, em consequência, dentro dos limites legais, satisfeito seu desejo natural de vingança. A aplicação da sanção, assim, seria o substitutivo social da autodefesa ou vingança privada[153].

Francesco Antolisei, ao lembrar que *"la parola 'pena' è sinonimo di 'castigo': essa in generale indica il dolore, la sofferenza, che viene inflitta a colui che ha violato un comando"*[154], esclarece que sua característica fundamental é a aflição, o temor. Segundo o jurista italiano, para entender a função da pena, deve-se inicialmente verificar que ela tem duas fases distintas: a da cominação legislativa e a da aplicação judicial.

Em um primeiro momento, o legislador, ao estabelecer a pena, que por sua própria natureza implica um sofrimento, tem por objetivo exercitar uma coação psicológica para dissuadir a prática do crime, o que se trataria de função de prevenção geral. No segundo momento, o Estado não pode se eximir de aplicar a pena, por se tratar da consequência inevitável da fase anterior. Disso resulta que não se poderia consentir em uma finalidade diferente, de retribuir o crime. Em consequência, *"il suo vero scopo non può essere che lo steso della comminatoria legislativa, e cioè la prevenzione generale dei reati"*[155].

Assim como Rocco, Francesco Antolisei entende que a satisfação do ofendido e das pessoas indiretamente lesadas com o crime evita ou ao menos limita *"le vendete private"*, impedindo a realização da justiça com as próprias mãos[156]. Acrescenta porém que a "pena moderna", que não deixa de conservar o caráter aflitivo ou dissuasivo, também teria a função de combater a causa individual da criminalidade, *"a far sì che l'autore del reato torni ad essere o diventi un membro utile della comunità sociale"*, ou seja, em vez de olhar o passado, olhe o futuro[157].

---

[153] Ibid, p. 142.
[154] ANTOLISEI, Francesco. *Manuale di diritto penale: parte generale*. Milano: Dott. A. Giuffrè, 1969, p. 533.
[155] Ibid, p. 547.
[156] E acrescenta o autor, esclarecendo que se equivoca quem entende que repressão e prevenção não poderiam coexistir: *"Da ciò si deve dedurre che la repressione e la prevenzione non sono idee contrapposte fra loro, in quanto, col reprimere i reati commessi, lo Stato previene la commissione di futuri reati. Errano, perciò, quei criminalisti che considerano la pena come repressione. Non solo quando viene comminata, ma anche quando viene inflitta – giova ripeterlo – la pena esplica un compito preventivo"* (libd. p. 548).
[157] Ibid, p. 550.

Segundo Oswaldo Henrique Duek Marques, entre as duas guerras mundiais, o direito penal distanciou-se da corrente humanitária e tornou-se extremamente repressivo, com predomínio do tecnicismo-jurídico, que pregava a desvinculação do direito penal de correntes de política criminal ou de cunho filosófico[158].

II.2.7 - A defesa social

Assim, como o correcionalismo se aproxima da escola clássica, a **defesa social** somente foi possível por causa do positivismo, mas não se confunde com essa corrente do direito penal. De fato, o positivismo teve início em 1876, com Lombroso, que fundamentava a ciência penal não no fato, mas na personalidade do delinquente. Com isso, têm-se duas consequências: a reação especialmente contra a expressão neoclássica de Carrara e o dogmatismo penal de Feuerbach e Binding, isto é, verdadeira reação ao formalismo jurídico abstrato. Enquanto no final do século 18 o momento era de filosofia política (respeito aos direitos fundamentais), no final do século 19, o momento é científico (criminologia).

Não se pode perder de vista que tanto a doutrina clássica quanto a positivista são movimentos de política criminal que objetivam organizar a reação social contra o crime. Todavia, para os positivistas, os clássicos falharam, principalmente por causa do dogma do livre-arbítrio e em virtude da intimidação. Por essa razão, pregavam que o homem não é considerado como responsável por seus atos e livre para escolher entre o bem e o mal, tratando-se o delito de fato natural e social, ou seja, ato humano que deve ser visto a partir da realidade subjetiva e da personalidade do autor (que deve ser cientificamente

---

[158] MARQUES, Oswaldo Henrique Duek. *Fundamentos da Pena*. 3. ed. São Paulo: WMF Martins Fontes, 2016, p. 157. *"El derecho no es sólo organización de paz. Es, al mismo tiempo, organización de lucha. En el sistema de las sanciones jurídicas está la lucha que libra el derecho para la conservación y defensa de su misma existencia. Su justicia está en la justicia del principio que ellas defienden: la vida del derecho, o se ala vida social. Ellas no son el derecho brutal de la fuerza plegada a los fines del derecho, en la fuerza regulada y dominada por el derecho, está la seguridad y la tutela de derecho mismo, es decir, la lucha por el derecho. Sólo ésta, no la otra, es la fuerza a la que debemos someternos. Sólo en ella, para los individuos, para las naciones y las estirpes, está la virtud educadora y renovadora del dolor"* (ROCCO, Arturo. *Cinco estudios sobre derecho penal*. Buenos Aires: Julio César Faira, 2003, p. 161).

analisada). A justiça penal teria, então, por missão proteger a sociedade contra o crime, sendo a função do direito penal a proteção da sociedade.

O surgimento da doutrina da defesa social pode ser entendido como consequência indireta ou de segundo grau da doutrina positivista. A primeira expressão da teoria da defesa social foi realizada por Von Liszt, Van Hamel e Adolphe Prins, fundadores da União Internacional de Direito Penal (1889).

Von Liszt encabeçou a Escola Moderna Alemã, também denominada escola de política criminal ou escola sociológica alemã, movimento similar ao positivismo crítico da *Terza Scuola* italiana. Von Liszt, com seu positivismo científico-naturalista, defendia que o direito penal deveria orientar-se pelo fim a que se destina e a pena devia apresentar uma utilidade, capaz de ser aferida pela estatística criminal (método indutivo-experimental). Para ele, a pena justa seria aquela necessária, priorizando a finalidade preventiva especial, muito embora não afaste o caráter retributivo da pena[159]. Distinguia o imputável do inimputável de acordo com a normalidade de determinação do indivíduo, sendo o primeiro merecedor de pena e o segundo, por ser perigoso, medida de segurança.

O belga Adolphe Prins formulou sua doutrina de defesa social no início do século 20. Não se pode olvidar que a primeira redação dos estatutos da União desprezava os postulados do direito penal tradicional: a missão do direito penal é a luta contra a criminalidade (fenômeno social), através dos estudos antropológicos e sociológicos, e a prevenção era o único meio de luta contra o crime. Tinha por característica a distinção entre os delinquentes, a substituição de penas privativas de liberdade de curta duração e a duração da pena relacionada com a emenda do condenado.

Todavia, essa primeira expressão não pretendia ser uma escola penal, pois seus princípios não autorizavam o surgimento de uma doutrina coerente, até porque apenas manifestaram algumas reivindicações consideradas por eles como essenciais.

Em 1897 houve a primeira revisão dos estatutos, com fórmulas

---

[159] BITENCOURT, Cezar Roberto. *Tratado de direito penal: parte geral*, vol. 1. 16ª ed. São Paulo: Saraiva, 2011, p. 93.

mais vagas ("atenuar as declarações mais audaciosas de Liszt"[160]). Von Liszt colocava em primeiro plano as exigências e a própria concepção de política criminal, cientificamente orientada à personalidade do delinquente), defendendo: *sursis*, medida de segurança, reação contra penas de curta duração, regime especial para jovens delinquentes, necessidade de se valer das estatísticas do direito comparado e das ciências criminológicas.

Porém, a primeira doutrina da defesa social foi desenvolvida por Adolphe Prins, pois Von Liszt, segundo Marc Ancel, permanecia preocupado com a técnica jurídica e profundamente imbuído do dogmatismo penal tradicional, o que acabou fazendo com que o doutrinador alemão contribuísse "para a manutenção da dogmática jurídica contra os antropólogos, sociólogos, e criminólogos; daí seu sucesso junto às escolas intermediárias e do Tecnojuridismo"[161].

Em 1910 Adolphe Prins escreveu "*La Defense Sociale et les transformations du droit penal*"[162], sustentando que a lei e a justiça penal baseadas na responsabilidade moral deixavam a sociedade indefesa, assim como o regime penitenciário clássico, já que o objetivo da justiça penal é a proteção da pessoa, da vida, do patrimônio e da honra dos cidadãos. Adotando o critério da periculosidade do delinquente, defendeu o prolongamento da prisão, sempre que se mostrasse indispensável à segurança social. Pregava a segregação dos criminosos considerados judicialmente perigosos, com vistas a submetê-los a um regime de rigor, sem a pretensão de corrigir esses criminosos, apenas de isolar os mais perigosos, preservando a sociedade através da eliminação por medida de neutralização, mas não através da pena capital.

A defesa social do início do século 20, objetivava eliminar os perigosos, o que seria alcançado por prisão de longa duração ou perpétua, daí a indiferença em distinguir entre a medida de segurança, tratando-se de medida de política social, e as medidas legislativas tendentes a organizar reflexos de defesa contra os indivíduos perigosos.

---

[160] ANCEL, Marc. "*A nova defesa social – um movimento de política criminal humanista*", tradução do original da 2ª edição revista (1971) e notas por Osvaldo Melo, Rio de Janeiro: Forense, 1979, p. 90.
[161] Ibid, p. 93.
[162] PRINS, Adolphe. *La défense sociale et les transformations du droit penal*. Bruxelas: Misch et Thron, 1910, disponível em http://gallica.bnf.fr/ark:/12148/bpt6k58219746/f1.image.r=.langEN.

Por sua vez, na segunda fase da teoria da defesa social, as preocupações teóricas cedem lugar às realizações práticas. Antes da Primeira Guerra Mundial, as medidas de defesa social aparecem na doutrina, mas não na legislação, salvo de forma esporádica, como meios excepcionais, limitados ou derrogatórios e, ainda, a título experimental. Entre as duas guerras mundiais, a defesa social acaba sendo mais empregada, todavia perdeu "essa coloração que herdara dos positivistas, esse dinamismo que lhe atribuía Von Liszt, esse alcance doutrinal que lhe fixou Prins"[163], e passou a ter múltiplos significados, tendo por sentido técnico um sistema particular de medidas de segurança aplicáveis aos anormais ou multirreincidente. Após a Segunda Guerra, vivencia-se um momento de profilaxia criminal, com o retorno às ideias desenvolvidas na primeira etapa (necessidade de anexos psicológicos, classificação dos delinquentes e noção de medida de segurança), com noções sobre assistência educativa, prevenção através da personalidade e respeito aos direitos humanos.

Marc Ancel entende como falaciosa a ideia de que o direito penal totalitário facilitou o movimento de defesa social, já que a ênfase era na pena retributiva e intimidante. Proclama o autor os direitos de repressão e defende que o direito penal autoritário não foi exclusividade dos países totalitários: "por todo lado, o direito penal dos anos que precederam à última guerra tendia a se tornar um direito penal autoritário, e o desencadear das hostilidades evidentemente só viria reforçar essa tendência"[164]. Durante esse período, a ideia de defesa social e também da profilaxia criminal ficou relegada, apagada.

Ao final da Segunda Guerra Mundial, as pessoas se revoltaram, inspiradas em uma reação contra esse desprezo pela dignidade humana[165]. No pós-Segunda Guerra há o retorno da expressão de defesa social, objetivando questões humanistas e repensando o tema criminal, visto como problema social.

A defesa social moderna tem por características fundamentais a aproximação com as ciências criminológicas e penitenciárias e a busca por uma política criminal baseada nas ciências humanas e preocupada

---

[163] ANCEL, Marc. "*A nova defesa social – um movimento de política criminal humanista*", tradução do original da 2ª edição revista (1971) e notas por Osvaldo Melo, Rio de Janeiro: Forense, 1979, p. 104.
[164] Ibid, p. 111.
[165] Ver nesse aspecto a "Declaração Universal dos Direitos Humanos".

com o respeito à dignidade humana.

Logo após a Segunda Guerra, o movimento de defesa social possuía uma unidade natural. Após 1954, porém, distinguem-se duas tendências: de um lado, Felippo Gramática, com suas teorias audaciosas[166], preocupadas em promover uma ciência penal humanista e conforme os ensinamentos da ciência, seria o protagonista de uma concepção avançada ou extremada; de outro, defensores de um programa mínimo, de um conjunto de regras mínimas, que podem ser admitidas por todos os partidários da defesa social[167], com conceitos moderados ou reformistas, que recebeu o nome de nova defesa social, ,seriam encabeçados por Marc Ancel.

Para Ancel, partidário da nova defesa social, deve-se conservar o essencial dinamismo da defesa social, sem transformá-la em movimento de subversão de valores. Advoga pela proteção do indivíduo e principalmente pelo respeito à dignidade humana. Ao Estado devem ser impostos deveres precisos para com o cidadão, dentre os quais a ressocialização, sendo sua obrigação promover a integração do indivíduo com a sociedade. Defendeu ainda a necessidade de um sistema legal, com desempenho proeminente do direito penal, baseado na defesa do indivíduo e proteção da sociedade (aperfeiçoamento do direito penal), além de política criminal baseada na noção de responsabilidade com fundamento na liberdade do indivíduo, "motor da

---

[166] *"Para Gramática, a defesa social tem menos por objetivo assegurar a proteção da Sociedade do que o seu aprimoramento; e esse aprimoramento deve ser obtido através de um progresso (ou uma "socialização") do indivíduo. A Sociedade, ou o Estado, que é sua expressão política-jurídica, na realidade não passa de uma necessidade de fato. As regras da vida em sociedade são portanto convenções, o que demonstra a relatividade das leis e impõe ao Estado limites no estabelecimento de uma ordem jurídica. (...) Segundo ele, um "direito de defesa social" deve substituir o direito penal existente; pois esse direito de defesa social se atribui como finalidade a adaptação do indivíduo à ordem social e não a sanção de seus atos. É aqui que intervêm os dois pontos de vista essenciais de Gramática: a subjetivação e a anti-socialidade. (...) A justiça da defesa social não tem nesse sistema outro objeto senão a ressocialização do delinquente, e essa justiça é radicalmente diferente em sua organização, quadro de pessoal e em seu funcionamento, da justiça "penal" tradicional"* (ANCEL, Marc. "A nova defesa social – um movimento de política criminal humanista", tradução do original da 2ª edição revista (1971) e notas por Osvaldo Melo, Rio de Janeiro: Forense, 1979, p. 126).

[167] *"Outros membros da Sociedade, encabeçados por Marc Ancel, apresentaram uma doutrina mais moderada, denominada Nova Defesa Social, mesmo título do livro desse autor, publicado em 1954. Essa obra contém as principais diretrizes da nova corrente, inseridas no chamado 'Programa Mínimo', aprovado no Terceiro Congresso Internacional de Defesa Social, realizado em 1954"* (MARQUES, Oswaldo Henrique Duek. *Fundamentos da Pena*. 3. ed. São Paulo: WMF Martins Fontes, 2016, p. 159-160).

ressocialização"[168].

Entende Oswaldo Henrique Duek Marques que, apesar da evidente influência da doutrina da Nova Defesa Social sobre as legislações de inúmeros países na segunda metade do século passado, a ressocialização do condenado no cumprimento da pena privativa de liberdade perdeu espaço para fins retributivos, continuando com o "fundo de castigo, tal como no classicismo penal, quando o Direito Penal ainda não contava com a contribuição das ciências ligadas à pedagogia educacional"[169].

II.3 - Movimentos de política criminal nos Estados Unidos no século 20

Nesse passeio histórico, válida também uma simples constatação da pena de prisão nos Estados Unidos da América, principalmente em face do movimento de política criminal que acabou sendo denominado de *"three strikes law"* e aplicado por metade dos Estados daquele país, além do governo federal.

Nos últimos dois séculos, os Estados Unidos da América adotaram diversas políticas criminais para combater a criminalidade, como a reconciliação, o isolamento e a execução[170]. A política da reconciliação tem como pressuposto que cada membro da sociedade é valioso e, em consequência, a opção correta é restaurar o relacionamento do infrator com a sociedade, seja através da reparação à vítima, seja pelo castigo, seja por programas de reabilitação[171]. Aos

---
[168] ANCEL, Marc. *"A nova defesa social – um movimento de política criminal humanista"*, tradução do original da 2ª edição revista (1971) e notas por Osvaldo Melo, Rio de Janeiro: Forense, 1979, p. 126. Marc Ancel entende que o processo penal deve ser reformulado, para que haja garantias do indivíduo em face do Estado sancionador. *"Na realidade, o processo penal clássico se desviou e perdeu amplamente sua significação moral e de proteção coletiva: deve-se portanto reformá-lo, mas em função da existência necessária de uma justiça penal organizada segundo uma legalidade procedimental tão intangível quanto a legalidade dos delitos e das penas"* (Ibid, p. 127).
[169] MARQUES, Oswaldo Henrique Duek. *Fundamentos da Pena*. 3. ed. São Paulo: WMF Martins Fontes, 2016, p. 167.
[170] WALSH, Jennifer Edwards. *Three strikes law: historical guides to controversial issues in America*. Westport: Greenwood Press, 2007, p. XIV.
[171] SANTORO, Luciano de Freitas. "Three strikes law" in *Direito penal avançado: homenagem ao professor Dirceu de Mello*, Coord. MORAES, Alexandre Rocha Almeida de e SANTORO, Luciano de Freitas. Curitiba: Juruá, 2015, p. 187.

presos que reincidiam na prática criminosa e não demonstravam arrependimento, adotava-se o isolamento ou exílio. A execução partia do pressuposto de que crimes graves exigiriam consequências tão severas quanto[172], como forma de incapacitar os criminosos, especialmente os que praticavam crimes hediondos.

Em 1877 é promulgado o *"New York Elmira Act"*, dando início ao *"rehabilitation program"*, que passou a ser adotado de forma similar por diversos Estados norte-americanos. Basicamente, substituiu-se a pena de duração previamente determinada na sentença por penas indeterminadas, sob o pressuposto de que não seria possível precisar o tempo necessário para a ressocialização do condenado, fixando-se, em regra, apenas o período máximo de duração da pena de prisão[173].

Muito embora na primeira metade do século 20 a adoção de programas de ressocialização fosse a regra, com o aumento da criminalidade, em especial nas décadas de 60 e 70, ganha repercussão um movimento para endurecer as medidas de política criminal (conhecido como *"get-tough"*), com adoção de penas mais severas e abandono de um sistema baseado exclusivamente na ressocialização[174].

Com base em pressupostos de que as sentenças indeterminadas levariam a um sistema judicial leniente e que os programas de reabilitação eram inúteis, todos os Estados norte-americanos passaram a adotar o sistema de penas determinadas e, como os índices de criminalidade continuavam em elevação, tem-se a ideia de que mais infratores deveriam ser encarcerados, sob o argumento de que o crime não deveria compensar. A partir de 1970 há significativo aumento das penas de prisão perpétua e restrição à concessão de livramento condicional.

Em 1983, praticamente todos os Estados norte-americanos adotaram o sistema conhecido por *"mandatory sentence law"*, "que

---

[172] WALSH, Jennifer Edwards. *Three strikes law: historical guides to controversial issues in America*. Westport: Greenwood Press, 2007, p. XIV.
[173] Ibid, p. XIV. *"Na década de 1920, a adoção de um sistema penal baseado na reabilitação era regra nos Estados Unidos, sendo que quarenta e quatro Estados, o Governo Federal e o território do Havaí implantaram um sistema de liberdade condicional. Em ao menos trinta e sete Estados, era aplicado um sistema de sentenças indeterminadas, sempre com o fundamento na ressocialização do criminoso"* (SANTORO, Luciano de Freitas. "Three strikes law" *in Direito penal avançado: homenagem ao professor Dirceu de Mello*, Coord. MORAES, Alexandre Rocha Almeida de e SANTORO, Luciano de Freitas. Curitiba: Juruá, 2015, p. 187/188).
[174] Ibid, p. 188.

pautava-se pelos princípios de que determinados crimes não admitem livramento condicional; de que é preciso identificar o mínimo de pena necessário antes de obter o condicional; e, finalmente, de que o legislador deve restringir a discricionariedade de promotores e juízes"[175].

No início da década de 90, com a repercussão na imprensa norte-americana de crimes bárbaros que vitimaram crianças e adolescentes, entre eles crimes sexuais e contra a vida de menores, em regra praticado por reincidentes[176], inicia-se o movimento que acabou conhecido por *"Three strikes law"*. Em síntese, trata-se da adoção de um sistema que permite isolar da sociedade condenados por crimes graves e violentos, desde que reincidentes na prática delitiva, aplicando a eles penas elevadíssimas ou perpétuas, com ou sem a possibilidade de livramento condicional. Cada Estado norte-americano adotou um critério diferente, como ser necessária reiteração criminosa por duas ou três vezes, ser ou não o último crime violento, punir com prisão perpétua ou de longa duração, obter-se ou não o livramento condicional e, em caso positivo, qual o prazo mínimo de cumprimento da pena de prisão para ser pleiteada a liberdade.

Sobre a prisão perpétua, a Suprema Corte norte-americana, "por reiteradas oportunidades, ao apreciar a legalidade deste tipo de pena, ressaltou que sua imposição não ofende o disposto na Oitava Emenda (1791) da Constituição dos Estados Unidos da América"[177], ou seja, sua aplicação não ofende o princípio da proporcionalidade, já que não seria considerada pena cruel ou incomum.

A *"Three strikes law"* também foi objeto de análise pela Suprema Corte norte-americana e reconhecida sua constitucionalidade, como no caso *Ewing v. California* (2003). Todavia, nos casos *Jackson v. Hobbs* (2012) e *Miller v. Alabama* (2012), aquela Suprema Corte entendeu que, por se tratar de menores de 18 anos, não seria permitida a imposição da pena de prisão perpétua sem a possibilidade de se obter livramento condicional, ou dito de outra forma, esta rigorosa lei pode ser imposta inclusive a jovens, desde que exista a possibilidade de se obter livramento condicional em algum momento de sua vida, pouco importante se será em 25, 30, 40 ou 50 anos.

---

[175] Ibid, p. 189.
[176] Sobre esses casos de repercussão: Ibid, p. 191/194.
[177] Ibid, p. 200.

II.4 - O direito penal do inimigo

Tema de muito interesse na atualidade, se refere àquilo que se acabou denominando **direito penal do inimigo**.

Como bem esclarece Luiz Fernando Kazmierczak "a verticalização social, proporcionada pelo uso da força fundou-se em uma política legitimada pela necessidade de eliminar o sujeito não pertencente à ordem dos cidadãos. Assim, ao longa da história sempre tivemos a figura do inimigo diante de cada sociedade"[178]. Isso se verificou desde os povos antigos, em Roma, onde determinados cidadãos eram tidos como inimigos por praticarem condutas tidas à época como crimes de *"sacrilegium"* e *"laesae maiestatis"*. A inquisição também registrou importante momento histórico de caça aos inimigos[179] e, em diversos outros momentos, a história se repetiu com a eliminação de determinadas categorias de indivíduos[180].

---

[178] KAZMIERCZAK, Luiz Fernando. "A formação do conceito de inimigo a partir dos mandados de criminalização" *in Direito penal avançado: homenagem ao professor Dirceu de Mello*, Coord. MORAES, Alexandre Rocha Almeida de e SANTORO, Luciano de Freitas. Curitiba: Juruá, 2015, p. 191/194.

[179] Interessante a passagem trazida por João Bernardino Gonzaga: *"Pouco após, em 1199, Inocêncio III dirige aos católicos de Viterbo a célebre decretal* Vergentis in Senium, *onde alimenta a ideia de rigor, ponderando: 'Consoante as sanções legais, os culpados do crime de lesa-majestade são punidos com a pena capital, seus bens são confiscados e só por misericórdia a vida é deixada aos seus filhos. Com mais forte razão, aqueles que, rejeitando sua fé, ofendem Jesus Cristo, Filho de Deus, devem ser excomungados e destituídos dos seus bens, pois é mais grave ofender a majestade eterna do que a majestade temporal'. Ressalva porém a clemência com que devem ser tratados os que se arrependem"* (GONZAGA, João Bernardino. *A inquisição em seu mundo*. 5ª ed. São Paulo: Saraiva, 1993, p. 97).

[180] Nesse sentido, Luis Gracia Martín: *"En efecto, la experiencia histórica demuestra con demasiada y clara contundencia cómo los regímenes políticos totalitarios (generalmente criminales) etiquetan y estigmatizan precisamente como "enemigos" a los disidentes y a los discrepantes, y cómo aquéllos dictan leyes nominalmente penales que, sin contenido alguno de justicia, establecen más bien dispositivos y mecanismos de "guerra" contra los etiquetados como enemigos. Al respecto, sobran las palabras cuando se piensa, por ejemplo, en el Proyecto de ley nacionalsocialista sobre el tratamiento de los extraños a la comunidad, o en la denominada expresamente "Ley de represión de la masonería y el comunismo", de 29 de marzo de 1941, promulgada en España por la dictadura fascista de Franco"* (GRACIA MARTÍN, Luis, "Consideraciones críticas sobre el actualmente denominado 'Derecho penal del enemigo'", Revista Electrónica de Ciencia Penal y Criminología - RECPC, 07-02, 2005, disponível em http://criminet.ugr.es/recpc/07/recpc07-02.pdf). No mesmo sentido, Francisco Muñoz Conde: *"Desde luego, ejemplos de este Derecho penal excepcional ha habido siempre, por lo menos, para no citar otros precedentes históricos más remotos, desde los orígenes de la Codificación penal en el siglo*

Hodiernamente, sem se distanciar, ainda há quem defenda que existam indivíduos que devam ser combatidos e, de certa forma, eliminados, a quem se denomina de inimigos, distinguindo-os dos cidadãos e a quem não seriam dados os mesmos direitos e garantias. Para Günther Jackobs, o direito penal pode enxergar no autor um cidadão ou um inimigo: no primeiro caso, somente poderia intervir quando o autor exteriorizar um comportamento perturbado; ao enxergar o cidadão como um inimigo, um perigo à sociedade e aos bens a serem protegidos, não reconhece nele um ser dotado de esfera privada, *"que no prestan la garantia cognitiva mínima que es necessária para el tratamento como persona"*[181].

Sob o pressuposto de que há no mundo dois polos dentro de um único contexto jurídico-penal, entende Günther Jakobs que é menos perigoso delimitar o direito penal do inimigo do que permitir que fragmentos seus penetrem no que denomina de direito penal do cidadão[182]. Luís Greco adverte que "pessoa, para Jakobs, é um termo técnico, que designa o portador de um papel, isto é, aquele em cujo comportamento conforme à norma se confia e se pode confiar"[183], razão pela qual inimigos seriam não pessoas. Assim, para o jurista alemão, quem não presta segurança cognitiva de um comportamento pessoal, não pode esperar do Estado que o trate como pessoa, já que, se assim o fosse, vulneraria o direito à segurança dos demais[184].

Enquanto para o Direito Penal do Cidadão a pena tem como função manter a vigência da norma, para o Direito Penal do Inimigo a função seria combater perigos, pela coação física, eliminando o inimigo pelo maior tempo possível, mas ressalvando que *"el Estado no necessariamente ha de excluir al enemigo de todos los derechos"*[185].

XIX, cuando desde el primer momento se tuvo que recurrir a leyes penales excepcionales, contrarias al espíritu liberal y constitucional que inspira- ron los primeros Códigos penales" (MUÑOZ CONDE, Francisco. *De nuevo sobre el 'Derecho penal del enemigo'.* Revista Penal, n. 16, 2005, disponível em http://www.uhu.es/revistapenal/index.php/penal/article/view/255/245).
[181] JAKOBS, Günther e CANCIO MELIÁ, Manuel. *Derecho Penal del enemigo.* Trad. Manuel Cancio Meliá. Madrid: Civitas, 2003, p. 40.
[182] Ibid, p. 56.
[183] GRECO, Luís. *Sobre o chamado Direito penal do inimigo.* Revista da Faculdade de Direito de Campos. Ano VI, n. 7, 2005, p. 217/218.
[184] JAKOBS, Günther e CANCIO MELIÁ, Manuel. *Derecho Penal del enemigo.* Trad. Manuel Cancio Meliá. Madrid: Civitas, 2003, p. 47.
[185] Ibid, p. 33.

Muñoz Conde, em artigo interessantíssimo em que rebate as críticas recebidas de Jakobs[186] – por posicionar-se sobre o perigo de se adotar o direito penal do inimigo, já que poderia favorecer ou legitimar excessos com o direito penal em sistemas políticos autoritários –, coloca os argumentos contrários, dentre os quais – e por todos os seus críticos – podem ser citados:

- existe a proximidade com um direito penal do autor, conforme pregavam os penalistas nazistas;
- ainda que movimentos de "tolerância zero" indiquem a tendência de se utilizar do direito penal de modo mais enérgico e contundente, até que ponto seria legítimo um direito penal do inimigo que não se atenha aos princípios do Estado de Direito e viole princípios constitucionais e declarações internacionais a favor dos direitos humanos?;
- o tratamento de "pessoas" e "não pessoas" exige assumir as consequências dessa distinção, apoiando inclusive que a distinção foi empregada para a defesa da existência de dois direitos penais por Edmundo Mezger, em 1943, nos informes para o regime nacional-socialista sobre o projeto de lei sobre o tratamento de estranhos à comunidade;
- em um Estado de Direito, por definição, não se admite a distinção entre cidadãos e inimigos, como sujeitos distintos de níveis de respeito e proteção jurídica;
- os direitos e as garantias fundamentais próprias do Estado de Direito, especialmente as materiais (princípios da legalidade, intervenção mínima e culpabilidade) e processual penal (presunção de inocência, tutela judicial, etc.) são seus pressupostos irrenunciáveis, sob pena de transmudá-lo a um ordenamento sem valores, sujeito a interesses

---

[186] "*Sin embargo, cuando algunas de estas críticas mías fueran reconogidas en una entrevista que me hicieron en la Revista electrónica de Derecho penal de la Universidade de Granada, recibí al poco tiempo una carta de Jakobs (fechada en Bonn el 10 de septiembre 2002), a la que adjuntaba fotocopia de una página de una edición antigua de la obra de Kant 'La paz perpetua', quien al parecer también preconizaba la misma opinión, con lo que, según Jakobs, quedaba demostrada 'die Absurdität Ihrer Deutung' ['La absurdidad de su (mi) interpretación']*" (MUÑOZ Conde, Francisco. *De nuevo sobre el 'Derecho penal del enemigo'*. Revista Penal, n. 16, 2005, disponível em http://www.uhu.es/revistapenal/index.php/penal/article/view/255/245).

momentâneos de seus governantes; não estabelece o que define o inimigo e como isso é realizado;
- seria incompatível com o Estado de Direito e com o conhecimento sem exceções de todos os direitos fundamentais do ser humano[187].

Todavia, não é menos certo – como fez Jakobs e tantos outros – constatar a existência real de um Direito Penal do Inimigo, ou de alguns de seus fragmentos, nas legislações penais positivadas de diversos países. Elegem-se determinadas pessoas como momentâneos inimigos e contra eles se insurgem com restrições tanto do direito material (como a obediência aos princípios da legalidade, proporcionalidade e culpabilidade), como de medidas processuais penais (presunção de inocência, devido processo legal e ampla defesa). Isso não quer dizer que não se possa questionar a legitimidade dessas exceções, verificando sua consonância com o Estado de Direito e o respeito aos direitos fundamentais, reconhecidos nas respectivas constituições e nas declarações internacionais de direitos fundamentais.

Em síntese, trata-se de uma construção teórica que retira de um indivíduo sua condição de pessoa e, talvez, aí resida sua maior crítica: como aceitar que o Estado não respeite um ser humano como pessoa? Ainda que não se desconheça a advertência de que "*para o jurista alemão, o conceito de 'pessoa' diz respeito à forma pela qual se constrói o sistema social*"[188] e que nesse sentido somente gozaria dessa qualidade quem oferecesse uma garantia cognitiva suficiente de um comportamento pessoal, sob pena de colocar em risco a segurança dos demais, a verdade é uma só: quem define o que é ou não é pessoa?

A Declaração dos Direitos do Homem e do Cidadão, de 1789, estabelece em seu artigo 1° que "*os homens nascem e são livres e iguais em direitos. As distinções sociais só podem fundar-se na utilidade comum*". Sob o fundamento de que "*o desconhecimento e o desprezo dos direitos do Homem conduziram a actos de barbárie que revoltam a consciência da Humanidade*", a Declaração Universal dos Direitos Humanos, de 1948, reconhece entre diversos outros direitos que "*todos os seres humanos nascem livres e iguais em dignidade e em direitos*"

---

[187] Ibid.
[188] MORAES, Alexandre Rocha Almeida de. Direito penal racional: propostas para a construção de uma teoria da legislação e para uma atuação criminal preventiva. Curitiba: Juruá, 2016.

(artigo 1°). Reconhecendo em seu preâmbulo que "*todos os homens nascem livres e iguais em dignidade e direitos e, como são dotados pela natureza de razão e consciência, devem proceder fraternalmente uns para com os outros*", a Declaração Americana de Direitos e Deveres do Homem estabelece que "*todas as pessoas são iguais perante a lei e têm os direitos e deveres consagrados nesta declaração, sem distinção de raça, língua, crença, ou qualquer outra*" (artigo II).

No mesmo sentido, poderiam ser aqui citadas diversas outras declarações ou convenções internacionais, além de inúmeras constituições, que reconhecem que todas as pessoas são iguais em dignidade e direitos, sendo vedada qualquer discriminação. A única forma legítima de se enxergar o próximo é como uma pessoa dotada dos mesmos direitos e obrigações, um ser humano. Qualquer outra forma de entender o homem não encontra respaldo nos direitos fundamentais, independentemente de que forma se construa sua concepção de sistema social.

Ao longo dos milênios, a história já provou o absurdo dessa separação de "pessoas" e "não pessoas", tratando o homem como objeto ou coisa, seja com qual justificativa filosófica for (como se viu no nazismo, na escravidão, no combate aos comunistas, no tratamento aos índios pelos colonizadores, na inquisição, etc.). Como bem adverte Luis Gracia Martin, "o Direito Penal democrático e o Estado de Direito devem tratar todo como pessoa responsável, e não pode ser lícito a nenhum ordenamento, em qualquer hipótese, que estabeleça regras e procedimentos de negação objetiva da dignidade da pessoa humana"[189]. O Direito Penal do Inimigo, ao que parece, esquece que "o reconhecimento e a proteção da dignidade da pessoa humana decorrem de toda uma evolução histórica dos direitos humanos, com a discussão sobre o que é este 'ser humano'"[190].

Infelizmente, o tratamento da mídia hoje fortalece concepções de inimigos em nossa sociedade e insufla a sociedade a demonizar

---

[189] Tradução livre de: "*el Derecho penal democrático y del Estado de Derecho ha de tratar a todo hombre como persona responsable, y no puede ser lícito ningún ordenamiento que establezca reglas y procedimientos de negación objetiva de la dignidad del ser humano en ningún caso*" (GRACIA MARTÍN, Luis, "*Consideraciones críticas sobre el actualmente denominado 'Derecho penal del enemigo*'". Revista Electrónica de Ciencia Penal y Criminología - RECPC, 07-02, 2005, disponível em http://criminet.ugr.es/recpc/07/recpc07-02.pdf).
[190] SANTORO, Luciano de Freitas. *Morte digna: o direito do paciente terminal*. 1ª ed., 2ª reimpr. Curitiba: Juruá, 2012, p. 64.

certas pessoas. O mundo assistiu, praticamente ao vivo, aos atentados terroristas de 11 de setembro de 2001, nos Estados Unidos da América. Outros tantos atentados terroristas podem ser citados aqui. A caçada a Osama Bin Laden é outro exemplo, como a do terrorismo como um todo. Mas não é só: a imprensa cotidianamente elege inimigos a serem combatidos. Apresentadores de telejornais chamam pessoas de monstros e outros rótulos piores, defendendo as mais severas punições, inclusive a de pena capital, seja para homicidas, traficantes, ladrões, estupradores e, mais recentemente, para corruptos e organizações criminosas. Não raro percebe-se a influência desse tratamento nas legislações penais, o que leva ao abominável direito penal de emergência, que será tratado a seguir.

II.5 - O direito penal de emergência

A mídia colabora substancialmente para o desenvolvimento daquilo que o sociólogo norte-americano Barry Glassner denominou "cultura do medo". Segundo o sociólogo, há grupos que promovem o medo e o pânico para se beneficiarem, composto de alguns setores dos meios de comunicação social, de políticos e de pessoas que defendem uma ou outra posição particular[191]. Todos os dias as principais redes de televisão do país, sobretudo em horário nobre, colocam no ar programas jornalísticos que fomentam a intranquilidade da população, trazendo matérias sobre a prática de crimes, explorando-os ao máximo. Não raras são as vezes em que os apresentadores desses programas sensacionalistas utilizam frases de efeito, como "os políticos não fazem nada", "a população vive com medo", "o crime cospe na cara da sociedade", "o povo é quem paga a conta", "eu fritava esse cara na cadeira elétrica rindo", etc.[192].

A utilização do direito penal como instrumento de controle social não é novidade na história da humanidade. Assim o é desde a

---

[191] GLASSNER, Barry. *O Povo: Desconstruindo o medo*. Entrevista concedida ao Núcleo de Estudos da Violência da Universidade de São Paulo, 2008, disponível em http://www.nevusp.org/portugues/index.php?option=com_content&task=view&id=1495&Itemid=29. Acesso em: 19 jun. 2013.
[192] Essas são algumas frases atribuídas a José Luiz Datena, apresentador do Programa Brasil Urgente, da Rede Bandeirantes de Rádio e Televisão (disponível em http://www.museudatv.com.br/biografia/jose-luiz-datena/, acessado em 02 de setembro de 2019).

Antiguidade, desde que a vingança privada dos primitivos passou ao domínio e ao monopólio estatal. Paradoxalmente, é o mecanismo mais rude e ataca (desde sempre) os dois bens jurídicos mais preciosos do ser humano: vida e liberdade. Por isso, é eminentemente subsidiário, e só deve intervir quando os outros ramos do direito se mostrarem insuficientes para proteger o bem jurídico.

Em consequência, o direito penal, por meio da criminalização de condutas, é tido como o remédio para os males da insegurança e do medo. Por razões reais ou não. Segurança passa a ser palavra de ordem e o direito penal é estabelecido como o único recurso apto a resolver esses problemas urgentes, culminando com o falacioso direito penal de emergência, que possibilita justamente a penetração do direito penal do inimigo no ordenamento jurídico.

O doutrinador italiano Sergio Moccia, ao escrever a obra *La perenne emergenza*[193], aprofundou a discussão sobre **emergência e direito penal**, questionando a hipertrofia do sistema penal. Entende o autor que esta decorre do emocionalismo e da opção política de fundamentar o sistema em tendências autoritárias, demagógicas e expansivas. Ademais, existiria "uma ilusão repressiva, alimentada pela mídia de massa, segundo a qual a resposta mais eficaz a cada fenômeno grave e amplo conflito individual ou social seria a penal e, portanto, se deveria aumentar e antecipar, no plano da escolha das tutelas, tal espécie de intervenção"[194].

Em consequência, assume-se um dever de fazer frente às exigências e emergências sociais e isso através da expansão da intervenção penal, em detrimento dos direitos e garantias fundamentais[195]. A essa irracional utilização do direito penal denominou-se Direito Penal de Emergência. O direito penal, subsidiário por sua própria natureza, deixa suas funções de proteção de bens jurídicos, para atender a anseios ilegítimos, até porque se cria a ilusão de que a possibilidade de aplicação da pena privativa de liberdade dissuadirá potenciais autores da prática delitiva e, ainda, que a

---

[193] MOCCIA, Sergio. *La perenne emergenza*. Napoles: Edizioni Scientifiche Italiane, 1997.
[194] MOCCIA, SERGIO. *Entrevista: Sergio Moccia concedida a Ana Paula Zomer Sica*. IPAN - Instituto Panamericano de Política Criminal, p. 02. Disponível em http://www.ipan.org.br/arquivos/artigos/ Entrevista%20Moccia.pdf. Acesso em 19 jun. 2013.
[195] Ibid, p. 06.

tipificação de condutas incrementaria o controle social[196].

Luigi Ferrajoli defende que quando o Estado entender indispensável a utilização de um direito penal de emergência, ao menos se reconheça que se trata de um direito de exceção e não de princípios garantistas que estão sendo claramente violados[197].

É fato que um sistema penal de emergência se torna claramente um instrumento de contenção social. Muito embora a pena de prisão seja um instituto falido, que não ressocializa ninguém, como já lembrava Cezar Roberto Bitencourt[198], com índices de reincidência superando absurdos 70%, busca-se no cárcere a solução para todos os males da sociedade, como se a simples ameaça de encarceramento tivesse os efeitos preventivos necessários para resolver o problema colocado. "Numa ótica de mera dominação, o sistema penal fundado em bases prisionais assume especial eficácia e resume-se a uma função de custodialismo, assim como a teoria da pena, em sua concreta

---

[196] Nesse sentido, Leonardo Sica: "*O Direito Penal, mercê de sua forte carga emocional, tornou-se fonte de expectativas para a solução dos grandes problemas políticos e sociais. Ante o fracasso de outras esferas de controle social ou ante a própria ausência de políticas destinadas a garantir prestações públicas essenciais à população. Paralelamente, novas formas de criminalidade, distantes da violência tradicional, deslocaram a tutela penal de proteção de bens jurídicos individuais e concretos para bens universais e coletivos, originando o que Figueiredo Dias e Costa Andrade denominam 'as grandes manchas da neocriminalização'. A tendência do Direito Penal em controlar a fidelidade do cidadão ao ordenamento e dissuadi-lo de comportamentos desviantes, faz com que as conseqüências da lei penal deixem de ter importância (v.g., a diminuição da criminalidade) bastando a própria existência da lei como sua justificativa*" (SICA, Leonardo. *Direito penal de emergência e alternativas à prisão*. São Paulo: Revista dos Tribunais, 2002, p. 73).

[197] "*In ogni caso, una volta imboccata la strada dell'emergenza come necessaria per la difesa dello Stato (dal terrorismo o da se stesso), si doveva almeno avere il coraggio politico e l'onestà intellettuale di ammetere che una tale risposta al pericolo eversivo era una risposta fuori-legge, come sono sempre le risposte di guerra, e non corrompere con essa i principi garantisti del diritto penale che è essenzialmente un diritto di pace*" (FERRAJOLI, Luigi. *Emergenza penale e crisi della giurisdizione* in "Dei delitti e delle pene". Napoles: Edizioni Scientifiche Italiane, 1984, p. 2/84).

[198] Para o autor, "*quando a prisão converteu-se na resposta penalógica principal, especialmente a partir do século XIX*" acreditou-se que teria sido encontrado o instrumento necessário para a ressocialização do condenado. Entretanto, com o passar do tempo, constatou-se o equívoco desse posicionamento razão pela qual pode-se afirmar que "*a prisão está em crise. Essa crise abrange também o objetivo ressocializador da pena privativa de liberdade, visto que grande parte das críticas e questionamentos que se faz à prisão, referem-se à impossibilidade – absoluta ou relativa – de obter algum efeito positivo sobre o apenado*" (BITENCOURT, Cezar Roberto. *Falência da pena de prisão*. São Paulo: Revista dos Tribunais, 1993, p. 143).

articulação, se resume à finalidade de retribuição e dissuasão"[199].

Cancio Meliá[200] enfatiza que a principal característica[201] dessa política criminal é a expansão do direito penal (com a aparição de múltiplas novas figuras e até mesmo novos setores de regulação), acompanhada pela reforma de tipos penais. Assim, "colocou-se em torno do elenco nuclear de normas penais um conjunto de tipos penais que, vistos da perspectiva dos bens jurídicos clássicos, constituem casos de 'criminalização no estágio anterior' às lesões aos bens jurídicos, cujos tipos penais também estabelecem penalidades desproporcionalmente elevadas"[202]. Nessa seara, no entender do autor, o fenômeno expansivo poderia ser resumido em tipos penais simbólicos, cujo efeito pragmático seria nulo, e no recrudescimento de condutas já criminalizadas.

Discursos penais de emergência acabam por legitimar sistemas de exceção, como o direito penal do inimigo, em que, na busca pelo combate a determinada criminalidade emergente, como terrorismo, tráfico internacional de drogas, genocídio, entre outros, sacrificam-se direitos e garantias individuais. E é interessante observar que argumentos de emergência não são novos na história da sociedade. É da própria natureza humana acreditar que vivemos em um período de crise nunca visto e que, outrora, havia segurança e paz social, o que é uma verdadeira falácia, posto que a história nos ensina exatamente o contrário.

---

[199] SICA, Leonardo. *Direito penal de emergência e alternativas à prisão*. São Paulo: Revista dos Tribunais, 2002, p. 88.
[200] MELIÁ, Manuel Cancio. *¿'Derecho penal' del enemigo?*, publicado em: JAKOBS; MELIÁ, Derecho penal del enemigo. Madri: Civitas, 2003, p. 57-102.
[201] Eugenio Raúl Zaffaroni, com propriedade, elencou as características do Direito Penal de Emergência *"a) se funda en un hecho nuevo, pretendidamente nuevo o extraordinario; b) la opinión pública reclama una solución a los problemas generados por tal hecho; c) la ley penal no resuelve el problema, pero tiene por objeto proporcionar a la opinión pública la sensación de que tiende a resolverlo o a reducirlo; d) adopta reglas que resultan diferentes de las tradicionales en el Derecho Penal liberal, sea porque lo modifican en su área o en general, porque crean un Derecho Penal especial o alteran el Derecho Penal general"* (ZAFFARONI, Raul. *Buscando o inimigo: de satã ao direito penal cool*. In: Marildo Menegat e Regina Neri (organizadores). Criminologia e Subjetividade. Rio de Janeiro: Lumen Júris, 2005).
[202] Tradução livre de: *"ha colocado alrededor del elenco nuclear de normas penales un conjunto de tipos penales que, vistos desde la perspectiva de los bienes jurídicos clásicos, constituyen supuestos de 'criminalización en el estadio previo' a lesiones de bienes jurídicos, cuyos marcos penales, además, establecen sanciones desproporcionadamente altas"* (MELIÁ, Manuel Cancio. *¿'Derecho penal' del enemigo?*, publicado em: JAKOBS; MELIÁ, Derecho penal del enemigo. Madri: Civitas, 2003, p. 64).

Zaffaroni e Nilo Batista, revitalizando a emergência perene de Sergio Moccia, ressaltam que ao longo da história a emergência foi utilizada como fundamento para a intervenção do poder punitivo, para resolver problemas que, ao seu tempo, eram tidos como sérios ou urgentes, como no combate à heresia, à bruxaria, ao lenocínio, ao anarquismo, ao comunismo, à dependência de drogas, à destruição ecológica, à corrupção, à especulação, à ameaça nuclear. E concluem: "cada um desses conflitivos problemas dissolveu-se, foi resolvido por outros meios ou não foi resolvido por ninguém, mas nenhum deles foi solucionado pelo poder punitivo"[203].

Hassemer esclarece que a violência é um firme componente da experiência cotidiana, assim, quem vive em sociedade experimenta a violência e jamais estará seguro diante dela. Ressalta que *"lo que hoy se modifica con particular celeridad y evidencia es la forma y el modo en que percibimos la violencia y la actitud que tomamos frente a ella"*[204]. Razão assiste ao penalista alemão, já que os meios de comunicação modernos possibilitam o conhecimento praticamente em tempo real da prática de crimes. É inegável que vivemos sob constante vigilância, próximo ao Grande Irmão, de que falava George Orwell, em seu clássico 1984[205]. O paulistano é filmado em média 28 vezes por dia[206]. Qualquer aparelho de telefonia celular, ainda que de tecnologia não tão avançada, é capaz de realizar gravações de vídeos. As redes sociais têm capacidade de divulgar essas mídias e notícias com uma velocidade avassaladora. Portais da *internet* e redes de televisão cobrem *in loco* a prática de crimes e divulgam os fatos, não raras vezes infiltrando repórteres e jornalistas em operações policiais, que se tornam palco de verdadeiro "espetáculo" (ou seria um circo?)[207].

Há pouco mais de duas décadas, a rede mundial de computadores (*internet*) não fazia parte da realidade da sociedade. Apenas professores e cientistas nas universidades tinham acesso a ela.

---

[203] ZAFFARONI, Eugenio Raul, BATISTA, Nilo et al. *Direito Penal Brasileiro*. Vol. I. 3ª ed. Rio de Janeiro: Revan, 2006, p. 68.
[204] HASSEMER, Winfried. *Critica al derecho penal de hoy*. Trad. Patricia S. Ziffer. 2ª ed., 1ª reimp. Buenos Aires: Ad-Hoc, 2003, p. 50.
[205] ORWELL, George. *Nineteen Eighty-Four*. Londres: Secker and Warburg, 1949.
[206] Disponível em http://vejasp.abril.com.br/cidades/cameras-de-video-fazem-parte-da-vida-do-paulistano/, acessado em 02 de maio de 2019.
[207] Nesse sentido, a reportagem publicada no jornal "O Estado de S. Paulo", de 9 de abril de 2009, disponível em http://politica.estadao.com.br/noticias/geral,delegado-usou-cinegrafista-da-globo-para-dar-flagrante,352346.

As notícias, inclusive sobre crimes, chegavam à casa das pessoas através dos telejornais ou da mídia impressa e, por evidência, em uma velocidade incomparavelmente mais lenta que hoje[208].

A sociedade, massificada por notícias policialescas, vê-se sob a constante ameaça de ser vítima de violências, de crimes. Em rápida pesquisa realizada no maior buscador da *internet* (o site Google), é evidente a cultura do medo ao se pesquisarem alguns termos[209]: *i)* "aumento da criminalidade" retornou aproximadamente 333 mil resultados; *ii)* "medo de viver" apresentou 5.340.000 resultados; *iii)* "sentimento de insegurança" registrou 293 mil resultados; *iv)* finalmente, "mapa da violência" exibiu impressionantes 439 mil resultados.

Logo, a opinião pública acaba por refutar a proteção de liberdades e enxerga no delinquente um inimigo que precisa ser eliminado, na luta contra o crime e a violência. Desenvolve-se, portanto, a cultura do medo e a necessidade de serem tomadas medidas extremas para solucionar o problema.

Alexandre Roxa de Almeida Moraes enxerga como "incontestável a correlação estabelecida entre a sensação de insegurança diante do delito e a atuação dos meios de comunicação", até porque "a imprensa, de forma geral, transmite uma imagem da realidade que mistura o que está distante com o que está próximo, confundindo a percepção do telespectador"[210], aproximando-o do delito

---

[208] "*Esto tiene diversas consecuencias, y también se discute en forma diversa. Entre ellas, resulta aquí de importancia que los fenómenos de violencia ocupan nuestra capacidad de percepción social y cultural con una intensidad como pocas veces antes, y que su transmisión hacia nosotros se produce en forma tendencialmente mas comunicativa que concreta. De esto se sigue, entre otras cosas, que las chances de dramatizar la violencia y hacer política mediante ella, son buenas: los medios atribuyen al ejercicio de violencia un alto valor como noticia e informan sobre ella, sin embargo (¿o por eso?), en forma altamente selectiva, la amenaza de violencia - sea real o sólo supuesta - es un regulador mediante el cual puede ser fomentada la política criminal (típicamente restauradora); aquello que vale como un bien jurídico que requiere protección penal (y que por tanto puede ser portador de amenaza penal) se decide mediante un acuerdo normativo social, para el cual, nuevamente, resultan constitutivas las sensaciones de amenaza de la población. Violencia, riesgo y amenaza constituyen hoy fenómenos centrales de la percepción social. La seguridad ciudadana hace su carrera como bien jurídico, y alimenta una creciente industria de la seguridad*" (HASSEMER, Winfried. *Critica al derecho penal de hoy*. Trad. Patricia S. Ziffer. 2ª ed., 1ª reimp. Buenos Aires: Ad-Hoc, 2003, p. 50/51).
[209] Os termos foram pesquisados entre aspas, a fim de restringir os resultados encontrados. Resultados de 02.09.2019, consultados em https://www.google.com/.
[210] MORAES, Alexandre Roxa de Almeida. *A terceira velocidade do direito penal: o*

e fortalecendo o sentimento de medo e incerteza[211].

Diversos são os exemplos de legislação penal de emergência no ordenamento jurídico penal brasileiro:

1) A lei de crimes hediondos (Lei n. 8.072/90) foi promulgada durante o governo Collor como uma tentativa de combate à violência. Em 1994, essa lei foi alterada para incluir o homicídio qualificado em seu rol, após intensa campanha na mídia promovida pela novelista da Rede Globo de Televisão, Gloria Perez – cuja filha (Daniella Perez) foi assassinada em 1992 –, que reuniu cerca de 1 milhão e 300 mil assinaturas. Em fevereiro de 2006, o Supremo Tribunal Federal, no julgamento do Habeas Corpus n. 82.959, declarou a inconstitucionalidade do parágrafo 1º do artigo 2º da Lei n. 8.072/90, em sua redação primitiva que vedava a progressão de regime, por entender que a norma violava o princípio da individualização da pena. Esse dispositivo acabou alterado pela Lei n. 11.464/2007, passando a determinar que o início do cumprimento da pena seria em regime fechado. Novamente, a Corte Suprema, agora em junho de 2012 (Habeas Corpus n. 111.840), declarou incidentalmente a inconstitucionalidade do já alterado parágrafo 1º do artigo 2º da Lei n. 8.072/90, por entender que viola o princípio da individualização da pena a impossibilidade de serem concedidos os regimes aberto ou semiaberto ao condenado.

2) Em 31 de outubro de 2001, veio à lume a Lei n. 10.300, que proíbe o emprego, o desenvolvimento, a fabricação, a comercialização, a importação, a exportação, a aquisição, a estocagem, a retenção ou a transferência, direta ou indiretamente, de minas terrestres antipessoal. Muito embora essa lei estivesse tramitando desde 1997, somente foi aprovada e promulgada às pressas após os atentados de 11 de setembro

---

'direito penal do inimigo'. Dissertação de mestrado. Pontifícia Universidade Católica de São Paulo, 2006, p. 29.
[211] Leonardo Sica defende que *"o crescimento da violência e o surgimento de novas formas de criminalidade desembocaram num medo social que, aliados às históricas razões que manipulam esse sentimento irrefletido da coletividade e à falência do Estado em oferecer políticas sociais efetivas, fomentaram, então, o Direito Penal de Emergência. As respostas encontradas pela doutrina a esse sistema hipertrofiado e paleorrepressivo resumem-se ao Direito Penal Mínimo e à efetivação das garantias individuais, vale dizer, o garantismo"* (SICA, Leonardo. Direito penal de emergência e alternativas à prisão. São Paulo: Revista dos Tribunais, 2002, p. 206). Em face da objetividade do presente trabalho, deixa-se de fazer uma análise desses dois importantes institutos de política criminal, já que demandaria, por razões de honestidade intelectual, completa análise de seus pontos positivos e negativos.

de 2001, na cidade de Nova York, nos Estados Unidos da América. Trata-se de lei "permeada de todos os elementos próprios de uma legislação eminentemente emergencial e histericamente sensível ao crescimento da criminalidade advindo com o terrorismo global"[212].

3) Finalmente, muito embora diversos outros tipos penais merecessem ser aqui objeto de simples referência[213], uma lei é emblemática. Em junho de 1998, o anticoncepcional Microvlar (até então a terceira droga mais vendida no Brasil), pertencente à empresa farmacêutica mundial Schering, ficou conhecido como "pílula de farinha". A empresa justificou-se dizendo que pílulas de teste (feitas de farinha) para uma nova embalagem teriam sido furtadas. Entretanto, a justificativa veio tardiamente e após o caso ganhar repercussão midiática em todo o país. Em pouco mais de um mês, foi aprovada em tempo recorde a Lei n. 9.677, de 2 de julho de 1998, que alterou o artigo 273 do Código Penal, passando a prever pena de dez a quinze anos para quem falsificar, corromper, adulterar ou alterar produto destinado a fins terapêuticos ou medicinais. Se não bastasse a falta de um mínimo de proporcionalidade entre a conduta e a respectiva sanção penal (veja-se que a pena mínima supera em mais de três vezes o homicídio culposo e é superior inclusive ao homicídio simples e ao estupro de vulnerável), e questionável inclusão da conduta como crime hediondo, o legislador não se dignou sequer a analisar o tipo penal, olvidando-se de que, segundo o parágrafo 1º-A, "incluem-se entre os produtos a que se refere este artigo os medicamentos, as matérias-primas, os insumos farmacêuticos, os cosméticos, os saneantes e os de uso em diagnóstico". Ou seja, hoje no Brasil quem falsificar um simples perfume recebe uma reprimenda de dez anos de reclusão, sendo tratado como um criminoso hediondo, o que é em todo lastimável.

Quanto maior for o sentimento de insegurança dos cidadãos, alimentado por mídias sensacionalistas, por políticos ávidos por angariar votos e por grupos de interesses escusos, tanto maior será a demanda por segurança e por recrudescimento da intervenção penal[214],

---

[212] Ibid, p. 87.
[213] Como a Lei n. 9.034/1995 que trata dos crimes praticados por organizações criminosas, sem sequer definir o que é uma "organização criminosa", ou a Lei n. 10.072/2003 que dispõe sobre o Regime Disciplinar Diferenciado.
[214] Razão assiste a Eugênio Raul Zaffaroni, ao afirmar que *"vende-se a ilusão de que sancionando leis que reprimam desmesuradamente aos poucos vulneráveis e marginados que se individualizam, e aumentando a arbitrariedade policial, ao legitimar, direta ou indiretamente, todo gênero de violências, inclusive contra quem objeta o discurso publicitário, obter-se-á maior segurança urbana contra o delito comum"* (ZAFFARONI,

levando a um inadmissível expansionismo do direito penal, contrário a uma tutela penal de *ultima ratio*.

Não se nega, como afirma o professor Dirceu de Mello, "a triste realidade de nosso Brasil" no campo da violência. Não se nega, também, o atraso de nossa legislação básica penal, datada de 1940, quando "não existia então a televisão, o homem não havia chegado à Lua e nem se imaginava o computador –, é lamentável ver que, embora recauchutados, mas fundamentalmente íntegros, tais estatutos continuam em vigor, rompendo a barreira do século, indiferentes às novas realidades alimentadoras de crimes"[215].

Não se nega, por fim, que de há muito se impõe uma ampla, debatida e verdadeira revisão de nossa legislação, com minuciosa análise da efetividade dos tipos penais vigentes, com a eliminação de institutos de execução penal que não se prestam mais (se é que um dia serviram) a quaisquer finalidades, mas, principalmente, com o verdadeiro enfrentamento da reincidência criminal.

No entanto, não se pode mais admitir que os legisladores façam leis emergenciais sem proceder a audiências públicas, sem ouvir aqueles que representam, sem ouvir as academias, apenas para satisfazer interesses eleitoreiros e de mídias sensacionalistas.

Raul. *Buscando o inimigo: de satã ao direito penal cool*. In: Marildo Menegat e Regina Neri (organizadores). Criminologia e Subjetividade. Rio de Janeiro: Lumen Júris, 2005).
[215] MELLO, Dirceu de. *Violência no mundo de hoje in "Tratado luso-brasileiro da dignidade humana"*. São Paulo: Quartier latin, 2009, p. 883/884. E o autor cita alguns exemplos: *"como a Aids (contágio doloso com desfecho fatal), as sofisticadas técnicas genéticas e a decantada globalização, que agora irmana o mundo na prática de inúmeros delitos (narcotráfico, contrabando, tráfico de armas, de mulheres e de crianças, destas para o fim, sobretudo, execrável do comércio de órgãos".*

CAPÍTULO III

FINALIDADES E LIMITES DA PENA ESTATAL

Claus Roxin, ao enfrentar os sentidos e limites da pena estatal, questiona quais pressupostos legitimam que um grupo de homens associados no Estado privem da liberdade outros membros ou intervenham de outro modo, quer dizer, o que legitima o *jus puniendi* do Estado[216]. Essa é a pergunta que deve permear todo aquele que dedica seu tempo a estudar os motivos da punição, as finalidades da pena e quais os limites que o Estado – como ente criado pelo e para o homem – encontra na aplicação da sanção penal.

Antes, porém, de se ingressar no estudo das teorias que fundamentam a pena na atualidade, necessário refletir sobre a origem da palavra pena, como o fez Roberto Lyra, demonstrando inicialmente que pode ter procedência do latim. Para uns a palavra vem de *poena*, que significa castigo ou suplício; para outros, de *pondus* (peso), porque seria o equilíbrio dos pratos da balança da Justiça. Ainda segundo o autor, alguns acreditam que a palavra tem origem grega, de *ponus* (trabalho ou fadiga) ou de *punya* (pureza ou virtude). A expiação medieval pode ter origem no grego *Eus* (pius), que significaria bom, religioso ou afável, isto é, expiar seria fazer o bem, corrigir ou converter para o bem. Lembra Roberto Lyra que Platão e Roeder, mesmo com 2.500 anos de diferença entre eles, julgavam a pena um bem[217].

---

[216] ROXIN, Claus. *Problemas fundamentais de direito penal*. 3. ed. Tradução Ana Paula dos Santos Luís Natscheradetz. Lisboa: Veja, 1998, p. 15.
[217] LYRA, Roberto. *Comentários ao Código Penal*. Vol. II. Rio de Janeiro: Forense, 1942,

Entretanto, a história mostra que prevaleceu ao longo dos milênios o conceito de pena como um mal, em verdade, a imposição da pena como equivalente ao mal do crime, o que certamente tornou a palavra até hoje estigmatizada na sociedade. Há pouco mais de um século busca-se um olhar para o futuro e não apenas para o que foi realizado. Quem sabe a sociedade evolua para o dia em que a pena se aproxime de restauração, palavra com origem no latim *restaurare*, que significa arrumar, reparar ou consertar.

III.1 - Finalidades retributivas e preventivas da sanção penal

Para melhor entendimento das teorias que fundamentam o direito de punir, passa-se a enfrentar cada uma delas, com alguns de seus expoentes, sem a menor pretensão de exaurir o tema, já que não é o escopo da presente tese, e por essa mesma razão evitar-se-á apresentar as diversas críticas que cada teoria recebeu, ainda que se permita a licença de eventualmente, e muito sucintamente, expor algumas delas, até porque fomenta o debate e torna a leitura mais interessante.

Ao final de cada teoria, refletir-se-á sobre sua aplicação e eficácia aos crimes econômicos, considerando, sobretudo que seus autores, como regra geral, são pessoas bem-educadas, pertencentes às classes sociais mais elevadas, que tiveram oportunidades de desenvolver suas diversas habilidades e dotadas de respeitabilidade perante a sociedade.

III.1.1 - Teoria Absoluta ou Teoria Retributiva

A **teoria da retribuição** justifica a imposição da pena na culpabilidade do autor, para que seja ela compensada pela imposição de um mal, isto é, o mal pelo mal, não havendo quaisquer fins a alcançar com a pena, a não ser a ideia de realização de justiça. Atribui-se assim à pena "a difícil incumbência de realizar Justiça"[218], fundamentando-se a

---

p. 9.
[218] BITENCOURT, Cezar Roberto. *Falência da pena de prisão*. São Paulo: Revista dos Tribunais, 1993, p. 102.

punição estatal no livre-arbítrio do autor, por ter escolhido agir de forma contrária ao direito.

Para a teoria da retribuição, o sentido da pena assenta que a culpabilidade do autor seja compensada mediante a imposição de um mal penal. A justificação residiria apenas e tão somente na realização da ideia de justiça, sem quaisquer fins a alcançar com a pena, isto é, a pena conteria um fim em si mesmo. A "essência da pena criminal reside na *retribuição, expiação, reparação* ou *compensação do mal do crime* e nesta essência se esgota"[219].

A pena como vingança, do particular ou da sociedade, é puramente retributiva. Ao longo da história, desde os povos primitivos, o homem sentiu a necessidade de retribuir o mal sofrido, vingando-se do seu ofensor. A pena encontrou, assim, sua fundamentação inicialmente em uma vingança privada, depois divina, através da expiação, e, finalmente, pública.

A vingança privada buscava satisfazer o desejo da própria vítima do crime em ver reparado o mal que sofrera, julgando e castigando seu violador. A vingança divina buscava purificar o indivíduo ou o grupo a que pertencia, que teria ofendido a divindade com a prática do crime. Por fim, a vingança pública, cuja pena passa a satisfazer a própria sociedade, que necessitava restabelecer a ordem violada, punindo aquele que desrespeitasse as regras do viver em comum.

Immanuel Kant, que enxergava um fundamento moral na pena, defendia que o direito de punir significa o direito do chefe de Estado de impor dor àquele que tenha praticado um crime[220]. Para Kant:

> a punição imposta por um tribunal (*poenas forensis*) – distinta da punição natural (*poena naturalis*) na qual o vício pune a si mesmo e que o legislador não considera – jamais pode ser infligida meramente como um meio de promover algum outro bem a favor do próprio criminoso ou da sociedade civil[221].

---

[219] DIAS, Jorge de Figueiredo. *Questões fundamentais do direito penal revisitadas*. São Paulo: Revista dos Tribunais, 1999, p. 91.
[220] KANT, Immanuel. *A metafísica dos costumes*: contendo a doutrina do direito e a doutrina da virtude. Tradução Edson Bini. Bauro: Edipro, 2003, p. 174.
[221] Ibid.

Dessa forma, inadmite qualquer fundamento preventivo, geral ou especial, para a pena. Dito de outra forma, deve ser o infrator punido simplesmente porque cometeu um crime, uma vez que "a lei da punição é um imperativo categórico"[222], tratando-se da expressão de um dever-ser. A aplicação da pena decorre da própria prática do crime e tem a pena um fim em si mesmo.

Para Kant, a medida da justiça pública seria o princípio da igualdade, ao permitir que a balança da justiça fique equilibrada, não se inclinando nem para o Estado, nem para o criminoso, ou melhor, nem para o crime, nem para a pena. Justifica-se assim para Kant a imposição da pena de morte, já que "inexiste *similaridade* entre a vida, por mais desgraçada que possa ser, e a morte, e, consequentemente, nenhuma igualdade ou analogia entre o crime a retaliação, a menos que a morte seja judicialmente aplicada ao criminoso"[223].

Georg Wilhelm Friedrich Hegel, sem deixar de defender a retribuição, afasta-se do fundamento moral kantiano, para encontrar no restabelecimento do direito ou compensação do direito a razão do punir. Hegel constrói de forma racional o seu fundamento para a punição ao considerar o crime como a negação do direito e a pena como negação da negação, portanto, a própria anulação do crime[224].

Francesco Carrara via no fundamento da pena o "restabelecimento da ordem externa da sociedade"[225] e afastava concepções outras, como o fazer justiça, vingar o ofendido, ressarcir o dano, amedrontar o cidadão, expiar o delinquente ou seu crime ou obter sua correção, as quais entende poderiam ser "*consequências acessórias*

---

[222] Ibid., p. 175.
[223] E, nesse sentido, Kant expõe sua clássica analogia: "*Mesmo se uma sociedade civil tivesse que ser dissolvida pelo assentimento de todos os seus membros (por exemplo, se um povo habitante de uma ilha decidisse separar-se e se dispersar pelo mundo), o último assassino restante na prisão teria, primeiro, que ser executado, de modo que cada um a ele fizesse o merecido por suas ações, e a culpa sanguinária não se vinculasse ao povo por ter negligenciado essa punição, uma vez que de outra maneira o povo pode ser considerado como colaborar nessa violação pública da justiça*" (Ibid., p. 176).
[224] "*Como evento que é, a violação do direito enquanto direito possui, sem dúvida, uma existência positiva exterior, mas contém a negação. A manifestação desta negatividade é a negação desta violação que entra por sua vez na existência real; a realidade do direito reside na sua necessidade ao reconciliar-se ela consigo mesma mediante a supressão da violação do direito*" (HEGEL, Georg Wilhelm Friedrich. *Princípios da filosofia do direito*. Tradução Orlando Vitorino. São Paulo: Martins Fontes, 1997, p. 87).
[225] CARRARA, Francesco. *Programa do curso de direito criminal*: parte geral. Vol. II. Tradução Ricardo Rodrigues Gama. Campinas: LZN, 2002, p. 78.

da pena, algumas delas desejáveis"[226]. A pena seria a decorrência imperativa de sua imposição legal. Embora o delito possa ter ofendido materialmente uma vítima em particular, esse mal não seria reparado com a pena. A prática do crime, por sua vez, ofende toda a sociedade, todos seus cidadãos que tiveram sua lei violada e por isso diminui-lhes a *"opinião própria da segurança* e criando o *perigo* do mau exemplo"[227].

Se o criminoso fosse deixado impune, na visão de Carrara, geraria perigo a todos os cidadãos, seja no sentido de renovar suas ações, seja no encorajamento de outros a violarem as leis, o que "excita, naturalmente, o efeito moral de um temor, de uma desconfiança na proteção da lei"[228], perturbando então o sossego de todos. Deve-se considerar que, para o jurista italiano, a prática do delito acarreta, além de um dano imediato, público ou privado, um dano mediato a todos os cidadãos, consistente na diminuição do sentimento da própria segurança[229], razão pela qual a reparação a esse dano seria o restabelecimento da ordem.

Francesco Carrara ainda expõe seus argumentos contrários às outras teorias que fundamentam a pena. Entende que, embora a reparação que exprime o mal da pena tenha implícitas as resultantes de correção do culpado, o encorajamento dos bons e a advertência aos demais, difere dos conceitos puros de emenda ou de atemorização[230]. A pena não poderia ter por finalidade tornar o criminoso interiormente bom ou espalhar terror aos cidadãos, já que "se deles se deseja fazer um *fim especial*, esta última se desnatura, conduzindo-se a aberrações o magistério punitivo"[231].

A proporcionalidade é tida como o arrimo da teoria retributiva[232], encontrando o Estado o limite para o punir na culpabilidade do autor do delito, como bem adverte Figueiredo Dias, para quem o mérito das doutrinas absolutas é "ter erigido o princípio da culpabilidade em princípio absoluto de toda aplicação da pena e, deste modo, ter levantado um veto incondicional à aplicação de uma pena

---

[226] Ibid.
[227] Ibid., p. 79.
[228] Ibid.
[229] Ibid, p. 114-115.
[230] Ibid, p. 79-80.
[231] Ibid, p. 80.
[232] JUNQUEIRA, Gustavo Octaviano Diniz. *Finalidades da pena*. Barueri: Manole, 2004, p. 51.

criminal que viole a eminente dignidade da pessoa humana"²³³.

Claus Roxin apresenta três argumentos contrários à teoria da retribuição: em primeiro lugar, pressupõe a necessidade da pena que deveria fundamentar, deixando de limitar o poder punitivo do Estado; além disso, a ideia do livre-arbítrio seria indemonstrável; por fim, a ideia de retribuição compensatória seria um ato de fé, que dele dependeria para distinguir de uma vingança humana, pois não é possível compensar um mal pela imposição de outro mal²³⁴.

Não obstante essas críticas, a retribuição tem sido utilizada como um dos fundamentos da pena no Brasil, conforme orientação dos Tribunais Superiores do Brasil²³⁵ e, ao que parece, atende às expectativas da sociedade, conforme se exemplifica em algumas pesquisas, inclusive no que toca à criminalidade econômica.

Pesquisa realizada pelo Datafolha, sobre o cumprimento da pena privativa de liberdade no citado caso Mensalão, com perfil de amostra para a Cidade de São Paulo, mostrou que 79% dos entrevistados entendiam que os condenados deveriam ser presos "imediatamente", ainda que erros e injustiças pudessem ter sido cometidos durante o julgamento²³⁶. Essa pesquisa foi em sentido similar a outra, cujo universo é constituído pela população com 16 anos ou mais do país e margem de erro de 2% para um nível de confiança de 95% e cujo resultado foi bastante próximo (74% responderam que esperavam a imediata prisão dos condenados²³⁷). Importante constatar

---

²³³ DIAS, Jorge de Figueiredo. *Questões fundamentais do direito penal revisitadas.* São Paulo: Revista dos Tribunais, 1999, p. 93.
²³⁴ *"Resumindo numa só frase as três razões: a teoria da retribuição não nos serve, porque deixa na obscuridade os pressupostos da punibilidade, porque não estão comprovados os seus fundamentos e porque, como profissão de fé irracional e além dos mais contestável, não é vinculante"* (ROXIN, Claus. *Problemas fundamentais de direito penal.* 3. ed. Tradução Ana Paula dos Santos Luís Natscheradetz. Lisboa: Veja, 1998, p. 19).
²³⁵ Ver tópico II. 3, a seguir.
²³⁶ DATAFOLHA. *Termômetro paulistano - mensalão.* Instituto de Pesquisa Datafolha, Opinião Pública. São Paulo, setembro de 2013. Disponível em: <http://media.folha.uol.com.br/datafolha/2013/09/18/termometro_paulistano_mensala o.pdf>. Acesso em: 27 jul. 2017. A pergunta realizada na pesquisa foi: *"Pessoas condenadas à prisão no processo do mensalão querem que o Supremo Tribunal Federal reveja alguns pontos do julgamento porque acham que os ministros do STF cometeram erros e injustiças em alguns casos. Na sua opinião, pode ter havido injustiça e essas pessoas merecem novo julgamento ou essas pessoas deveriam ser presa imediatamente?".*
²³⁷ DATAFOLHA. *Outros temas.* Instituto de Pesquisa Datafolha, Opinião Pública. São Paulo, setembro de 2013. Disponível em:

que esse resultado é ainda mais elevado entre os que têm maior instrução (ensino superior) e com maior renda (de mais de cinco a dez salários mínimos), com resultados de 86% e 84% afirmativos para a imposição imediata da prisão.

Tem-se que essas pesquisas são indicativo[238] de que a sociedade brasileira quer que autor de crime seja responsabilizado pelo malfeito praticado, isto é, que a população espera que aquele que viole a norma penal receba a sanção penal correspondente e a cumpra o quanto antes. Tal assertiva parece ser verdadeira quando confrontada com o resultado de outra pesquisa, realizada pelo mesmo Instituto Datafolha. Essa pesquisa[239], realizada em junho de 2017, com 2.771 entrevistados em 194 municípios do país, com margem de erro de 2% e um nível de confiança de 95%, teve como objeto a colaboração premiada firmada entre o Procurador-Geral da República e Joesley Mendonça Batista, Wesley Mendonça Batista e Ricardo Saud, cujo objeto abrangia "todos os fatos ilícitos praticados e relevados pelos SIGNATÁRIOS até a data da assinatura deste termo"[240], além de fatos futuros objetos de ação controlada e outros que sejam do conhecimento dos colaboradores.

Conforme os termos do instrumento de colaboração premiada, muito embora as efetivas recompensas fossem ser avaliadas e indicadas quando da confecção do acordo definitivo de colaboração premiada, desde logo restou convencionado no parágrafo 3º da cláusula 4ª do "Termo de Pré-Acordo de Colaboração Premiada", que em relação a Joesley Mendonça Batista e Wesley Mendonça Batista o "futuro acordo de colaboração premiada importará em garantia de não oferecimento de

---

<http://media.folha.uol.com.br/datafolha/2013/07/01/outros-temas.pdf>. Acesso em: 30 set. 2017. A pergunta realizada na pesquisa foi: *"Pessoas condenadas à prisão no processo do mensalão querem que o Supremo Tribunal Federal reveja alguns pontos do julgamento porque acham que os ministros do STF cometeram erros e injustiças em alguns casos. Na sua opinião, pode ter havido injustiça e essas pessoas merecem novo julgamento ou"* e as possíveis respostas eram: *"Deveria ser presas imediatamente"*; *"Merecem novo julgamento"*; *"Não sabe"*.
[238] A toda evidência, foge do escopo da presente tese debate pormenorizado sobre as expectativas da sociedade após a prática de um crime, entretanto tal não retira a importância dos dados apresentados.
[239] DATAFOLHA. *Denúncia da JBS*. Instituto de Pesquisa Datafolha, Opinião Pública. São Paulo, junho de 2017. Disponível em: <ttp://media.folha.uol.com.br/datafolha/2017/06/26/633e2fd89e3b3a6e2ffa9973701b44c4.pdf>. Acesso em: 30 set. 2017.
[240] A íntegra do "Termo de Pré-Acordo de Colaboração Premiada" está disponível em: <http://www.migalhas.com.br/arquivos/2017/5/art20170519-04.pdf##LS>. Acesso em: 30 set. 2017.

denúncia, por parte do PGR, relativamente aos dois referidos colaboradores". Ou seja, nas palavras do próprio Procurador-Geral de Justiça, o acordo previa a concessão do "benefício da imunidade penal aos colaboradores"[241], em troca do conhecimento da prática de graves crimes supostamente praticados pelo Presidente da República, além de outros parlamentares e servidores públicos.

E justamente essa condição do acordo, com a garantia de que referidos colaboradores não seriam sequer denunciados, foi objeto da pesquisa de opinião pública que novamente demonstrou o desejo da sociedade brasileira de ver efetivamente reprovados os comportamentos ilícitos praticados, com a aplicação da sanção penal correspondente. A avassaladora maioria (81%) respondeu que os colaboradores Joesley Mendonça Batista e Wesley Mendonça Batista deveriam ter sido presos. Além disso, para 64% dos entrevistados, o Ministério Público "agiu mal ao firmar nessas condições o acordo de delação premiada", 27% entenderam que "agiu bem", outros 7% não quiseram opinar e 2% disseram ser "indiferentes"[242].

Portanto, ainda que se possa considerar que essas pesquisas não refletem o entendimento da sociedade brasileira sobre a resposta penal a todo e qualquer crime, elas se prestam a demonstrar que sua preocupação se encontra voltada para a punição daqueles que praticaram crimes, tendo em vista que quatro em cada cinco brasileiros se posicionaram pela imposição de pena de prisão aos colaboradores Joesley Mendonça Batista e Wesley Mendonça Batista, em face dos ilícitos praticados.

---

[241] JANOT, Rodrigo. *Crimes graves*: sem acordo de delação dos irmãos Batista, país seria ainda mais lesado. Publicação em: 23 maio 2017. Disponível em: <https://noticias.uol.com.br/politica/ultimas-noticias/2017/05/23/artigo-janot.htm?cmpid=copiaecola>. Acesso em: 30 ago. 2017.
[242] DATAFOLHA. *Denúncia da JBS*. Instituto de Pesquisa Datafolha, Opinião Pública. São Paulo, junho de 2017. Disponível em: <http://media.folha.uol.com.br/datafolha/2017/06/26/633e2fd89e3b3a6e2ffa9973701b44c4.pdf>. Acesso em: 01 jul. 2017.

III.1.2 - Teorias Relativas

No campo das teorias relativas, podem ser citadas as teorias da prevenção geral e especial, ambas subdivididas em suas vertentes negativa e positiva. As teorias relativas se opõem radicalmente à absoluta, pois buscam prevenir a prática de novos crimes. Não se olha mais o passado, mas sim o futuro. Com a punição da conduta, busca-se evitar a reiteração da prática delitiva, seja da coletividade, seja do autor do fato.

III.1.2.1 - Prevenção geral

A **teoria da prevenção geral** dirige-se a toda a coletividade de modo geral, com o intuito de impedir a ocorrência de crimes futuros, e pode ser alcançada por meio da intimidação, pela ameaça da pena, e neste caso está-se diante da prevenção geral negativa. Porém, pode também ser concebida como a forma de que o Estado dispõe para manter e reforçar a confiança da comunidade na validade e na força de vigência de suas normas de tutela de bens jurídicos e, assim, no ordenamento jurídico penal. Nesse caso, trata-se da prevenção geral positiva[243].

Atribui-se a Sêneca a mais antiga formulação de uma teoria preventiva, com a famosa frase *"nemo punit quia peccatum est sed ne peccetur"*, que em síntese quer afirmar que ninguém responsável castiga pelo pecado cometido, mas sim para que não volte a pecar[244].

Feuerbach defendeu a prevenção geral dos delitos pela intimidação, portanto, em sua vertente negativa. Segundo o jurista

---

[243] A divisão da teoria da prevenção geral em positiva e negativa não é em absoluto nova. Como ressalta Mir Puig: *"Atualmente destaca-se que a intimidação não é o único meio de prevenção geral. Uma corrente doutrinária sustenta que a prevenção não deve se basear apenas na pura intimidação negativa (isto é, inibidora da tendência de delinquir), mas também mediante a afirmação positiva do direito penal como afirmação das convicções jurídicas fundamentais da consciência social da norma, ou de uma atitude de respeito pelo Direito. Enquanto a prevenção intimidatória também é chamada de 'prevenção geral negativa', o aspecto afirmativo do direito penal é chamado de 'prevenção geral positiva' e, também, 'estabilizador' ou 'integrador'"* (tradução livre de: MIG PUIG, Santiago. *Derecho penal*: parte general. 9. ed. Barcelona: (Reppertor, 2011, p. 82). A teoria da prevenção geral positiva ainda encontra a subdivisão em fundamentadora e limitadora.
[244] BITENCOURT, Cezar Roberto. *Falência da pena de prisão*. São Paulo: Revista dos Tribunais, 1993, p. 102.

alemão, qualquer lesão jurídica contradiz o objetivo do Estado, que é justamente a sua inexistência, e, assim, o Estado tem o direito e o dever de encontrar institutos que impeçam sua ocorrência[245]. Segundo ele, esses institutos devem necessariamente ser coercitivos, e expõe as razões porque entende que a coerção psicológica prevalece sobre a física.

A coação física do Estado atuaria de duas formas: com antecedência, para evitar a ocorrência da lesão, o que pode ocorrer através de uma garantia em favor do ameaçado ou subjugando imediatamente a força física do autor; e após sua ocorrência, forçando o autor do delito a reparar ou recompor o dano[246]. Entretanto, reconhece Feuerbach que a coação física é insuficiente[247], porque a prévia, para ser eficaz, exigiria do Estado ter a certeza da ocorrência da lesão jurídica e, a posterior, tem por pressuposto já a prática da lesão, e seu objeto seria apenas uma reparação.

Feuerbach, por acreditar que há necessidade de impedir a ocorrência e lesões jurídicas, encontra na teoria da coação psicológica a sua resposta. Parte do pressuposto de que "todas as contravenções têm sua causa psicológica em que a concupiscência do homem é o que o leva, por prazer, a cometer a ação"[248]. Defende que esse impulso pode ser cancelado desde que ele saiba "que para sua ação deve seguir, inevitavelmente, um mal que será maior do que o seu descontentamento decorrente da insatisfação de seu impulso de agir"[249].

Para que exista a convicção geral da vinculação entre o mal e a lesão, é necessário que uma lei estabeleça a sanção (cominação legal), bem como que esta seja aplicada nos casos de violação. Feuerbach entende indispensável que os poderes legislativo e executivo estejam em harmonia para o comum objetivo intimidatório. Em consequência:

---

[245] FEUERBACH, Paul Johann Anselm Ritter von. *Tratado de derecho penal común vigente en Alemania*. Tradução Eugenio Raúl Zaffaroni e Irma Hagemeier. Buenos Aires: Hammurabi, 2007, p. 51.
[246] Ibid.
[247] Ibid.
[248] Tradução livre de: "*todas las contravenciones tienen su causa psicológica en que la concupiscencia del hombre es la que lo impulsa, por placer, a cometer la acción*" (Ibid., p. 52).
[249] Tradução livre de "*que a su hecho ha de seguir, ineludiblemente, un mal que será mayor que le disgusto emergente de la insatisfacción de su impulso al hecho*". (Ibid, p. 52).

I) O objetivo da cominação da pena na lei é a intimidação de todos, como possíveis protagonistas de infrações jurídicas. II) O objetivo de sua aplicação é de dar fundamento efetivo na cominação legal, visto que sem a aplicação a cominação permaneceria oca (seria ineficaz). Já que a lei intimida a todos os cidadãos e a execução deve dar efetividade a lei, o objetivo mediato (ou final) da aplicação é, em qualquer caso, a intimidação dos cidadãos mediante a lei[250].

Resumidamente, toda pena teria como objetivo principal e necessário afastar todos da prática do crime mediante sua ameaça de imposição, que *"debe consistir en infligir un verdadero mal al infractor"*[251]. Feuerbach reconhece três objetivos paralelos, como a intimidação direta mediante o espetáculo de aplicar a pena, a segurança do Estado em face dos crimes punidos e o melhoramento jurídico daquele que foi punido[252].

---

[250] Tradução livre de: *"I) El objetivo de la conminación de la pena en la ley es la intimidación de todos, como posibles protagonistas de lesiones jurídicas. II) El objetivo de su aplicación es el de dar fundamento efectivo a la conminación legal, dado que sin la aplicación la conminación quedaría hueca (sería ineficaz). Puesto que la ley intimida a todos los ciudadanos y la ejecución debe dar efectividad a la ley, resulta que el objetivo mediato (o final) de la aplicación es, en cualquier caso, la intimidación de los ciudadanos mediante la ley"*. (Ibid., p. 53).
[251] FEUERBACH, Paul Johann Anselm Ritter von. *Tratado de derecho penal...* p. 109. Em consequência, posiciona-se Feuerbach que se a pena aplicada for para ele um bem, estará em contradição com a lei, bem como se a pessoa não puder sentir a pena como um mal, a ela não pode ser executada a pena: *"la ejecución en cadáveres o en imágenes sólo se justifica cuando se la imponga como especial forma de infamia o como símbolo de que la ley penal que conmina debe ser satisfecha bajo cualquier circnstancia"* (Ibid.).
[252] Claus Roxin apresenta três argumentos contrários à prevenção geral: a uma, não se esclarecem quais comportamentos podem ser intimidados pelo Estado, com clara tendência a estabelecer o terror estatal; a duas, em grupos de crimes e delinquentes não há prova do efeito da prevenção geral, não podendo se olvidar que cada crime, por si só, já constitui uma prova contrária à eficácia dessa teoria, bem como que há o caso dos não intimidáveis; a três, não há como se justificar a imposição de um mal a alguém para que outros deixem de infringir a norma penal, isto é, instrumentaliza o homem o que não se pode admitir. *"A teoria da prevenção geral encontra-se, assim, exposta a objecções de princípio semelhantes às outras duas: não pode fundamentar o poder punitivo do Estado nos seus pressupostos, nem limitá-lo nas suas conseqüências; é político-criminalmente discutível e carece de legitimação que esteja em consonância com os fundamentos do ordenamento jurídico"* (ROXIN, Claus. *Problemas fundamentais de direito penal.* 3. ed. Tradução Ana Paula dos Santos Luís Natscheradetz. Lisboa: Veja, 1998, p. 25).

Hans Welzel foi um dos partidários pioneiros da prevenção geral positiva[253]. Segundo ele, o fundamento da pena está em ser indispensável para manter a ordem da comunidade[254]. Entende que a natureza e a função da pena somente podem ser compreendidas com base em uma dupla relação da pessoa, constituída pelo entendimento da pena e pela força de impressão, que na verdade constituiriam uma unidade, penetrando-se mutuamente[255]. Para Welzel, o Estado não estaria obrigado a estabelecer a justiça, mas tem sim o dever de punir quando necessário para a existência da ordem jurídica.

Günther Jakobs é reconhecidamente o principal nome da prevenção geral positiva fundamentadora. Para o autor, o conteúdo e a função da pena não podem ser constatados com independência do ordenamento em que se encontrem vinculados, isto é, da ordem vigente no país, nem da compreensão de seu sentido. A pena será sempre a reação à infração da norma e, em consequência, coloca-se em relevo novamente a orientação nela contida, para que a comunicação seja o respeito à orientação das relações sociais contida na norma. "A pena tem de ser definida positivamente: é uma amostra da vigência da norma às custas de um responsável. Daí surge um mal, mas a pena ainda não terá cumprido seu propósito com esse efeito, apenas com a estabilização da norma lesada"[256].

Em consequência, resta evidente que a pena será sempre a reação à infração às normas, pela qual se comunica a necessidade do

---

[253] "*Na concepção de Welzel, o Direito Penal cumpre uma função ético-social para a qual, mais importante que a proteção de bens jurídicos, é a garantia real dos valores de ação da atitude jurídica*" (BITENCOURT, Cezar Roberto. *Tratado de direito penal*: parte geral. 16. ed. Vol. 1. São Paulo: Saraiva, 2011, p. 114-115).

[254] WELZEL, Hans. *Derecho penal*: parte general. Tradução Carlos Fontán Balestra. Buenos Aires: Roque Depalma, 1956, p. 235.

[255] A pena seria o mal imposto ao autor de uma ação culpável, o qual toleraria a sanção justa pela conduta injusta, na medida de sua culpabilidade, e a retribuição justa deixa claro seu desvalor e afirma com isso o juízo ético-social. Entretanto, para Welzel, a pena deve ser entendida também no que respeita à sua impressão, já que como um mal despertam os instintos, aspirações e sentimentos contrários ao direito, através da prevenção especial (autor) ou geral (sociedade), razão pela qual a pena, "*ao obrigar o autor a se concentrar em si mesmo, trabalhar e levar uma vida ordenada pode despertar e afirmar os instintos úteis para a comunidade*" (Tradução livre de: Ibid., p. 234).

[256] Tradução livre de: ""*La pena hay que definirla positivamente: Es una muestra de la vigencia de la norma a costa de un responsable. De ahí surge un mal, pero la pena no ha cumplido ya su cometido con tal efecto, sino sólo con la estabilización de la norma lesionada*". (JAKOBS, Günther. *Derecho penal: parte general*. Tradução Joaquin Cuello Contreras e Jose Luiz Serrano Gonzales de Murillo. Madrid: Marcial Pons, 1995, p. 09).

respeito a elas, como modelo de orientação social, pois "a pena tem a missão preventiva de manter a norma como esquema de orientação, no sentido de que aqueles que confiam em uma norma devem ser confirmados com a sua confiança"[257]. Assim, a pena funciona como a demonstração da vigência da norma, ou seja, funciona como a estabilização da norma[258], já que a pena significa a permanência da realidade normativa da sociedade sem modificações[259].

Por outro lado, o que importa é a violação à norma, até porque em inúmeros casos sequer há um resultado externo, naturalístico. A um autor que atua de determinado modo e que conhece, ou deveria conhecer, os elementos de seu comportamento, imputa-se que considere o seu comportamento como a conformação normativa. Essa imputação tem lugar através da responsabilidade por sua própria motivação:

> Essa contradição à norma por meio de uma conduta é a infração da norma. Uma infração normativa é, portanto, uma desautorização da norma. Essa desautorização dá lugar a um conflito social à medida que será posta em causa como modelo de orientação[260].

---

[257] Tradução livre de: "*la pena tiene la misión preventiva de mantener la norma como esquema de orientación, en el sentido de que quienes confían en uma norma deben ser confirmados en su confianza*". (JAKOBS, Günther. Sobre la teoría de la pena. Tradução Manuel Cancio Meliá. Bogotá: Universidad Externado de Colombia, 1998, p. 32). Interessante observar que o próprio Günther Jakobs reconhece que seu entendimento é muito próximo da função ético-social de Hans Welzel.
[258] "*Assim, a imposição da pena tem somente o poder de demonstrar que o agente, com seu comportamento, não se organizou corretamente, para manter-se nos moldes traçados pelas normas de conduta. Sua missão é a de reafirmar o reconhecimento da validade da norma, no qual está implícita a consciência de que foi infligida e que deve seguir como modelo idôneo de orientação. Assim, a função primordial da pena é a de orientação dos cidadãos para o cumprimento das normas inseridas no contrato social*". (MARQUES, Oswaldo Henrique Duek. Fundamentos da Pena. 3. ed. São Paulo: WMF Martins Fontes, 2016, p. 176).
[259] JAKOBS, Günther. Sobre la teoría de la pena. Tradução Manuel Cancio Meliá. Bogotá: Universidad Externado de Colombia, 1998,, p. 33.
[260] Tradução livre de: "*Esta contradicción a la norma por medio de una conducta es la infracción de la norma. Una infracción normativa es, por tanto, una desautorización de la norma. Esta desautorización da lugar a un conflicto social en la medida en que se pode en tela de juicio la norma como modelo de orientación*" (Tradução livre de: JAKOBS, Günther. Derecho penal: parte general. Tradução Joaquin Cuello Contreras e Jose Luiz Serrano Gonzales de Murillo. Madrid: Marcial Pons, 1995, p. 13).

Adverte Jakobs que a prevenção geral positiva, no seu entender, não é 'geral', porque terá efeito sobre um grande número de pessoas, e tampouco se qualifica como 'prevenção' porque se pretende alcançar algo com a pena, mas deve-se sim à comunicação da orientação e à vigência da norma[261], portanto, porque busca manter a realidade social, uma vez que as normas garantem a existência das relações socais básicas em determinada sociedade.

Claus Roxin defende a teoria da prevenção geral positiva limitadora, esclarecendo que cada esfera da atuação estatal, isto é, ameaça, imposição e execução da pena, merece justificação distinta, e cada etapa posterior deve acolher em si os princípios da precedente[262]. Desse modo, acaba por encontrar finalidade preventiva especial nas etapas de imposição e execução, o que será objeto de estudo no tópico das teorias mistas, especificamente na teoria unificadora dialética.

No entender de Roxin, o fim da pena no Estado Democratíco será a prevenção geral, justificada na dupla restrição contida no princípio da proteção subsidiária de prestações e bens jurídicos[263]. Essa finalidade preventiva deve ser limitada pela culpabilidade do autor do fato, e para respeitar o princípio da dignidade humana este será seu limite instransponível, sob pena de instrumentalizar o indivíduo. "A culpa, dessa ótica, deixa de constituir fundamento da pena, nas teorias retributivas, para ser a medida da pena"[264].

Hassemer também patrocina a finalidade preventiva geral da pena, em sua vertente limitadora, ao entender que a pena deve manter-se dentro dos limites do Direito Penal do fato e da proporcionalidade, sendo cominada após a observância dos princípios e garantias constitucionais. Segundo o autor, "a função da pena é a prevenção geral positiva: a reação estatal perante os feitos puníveis, a qual ao mesmo tempo protege a consciência social da norma"[265]. A ressocialização e a

---

[261] JAKOBS, Günther. *Sobre la teoría de la pena*. Tradução Manuel Cancio Meliá. Bogotá: Universidad Externado de Colombia, 1998, p. 33.
[262] ROXIN, Claus. *Problemas fundamentais de direito penal*. 3. ed. Tradução Ana Paula dos Santos Luís Natscheradetz. Lisboa: Veja, 1998, p. 26.
[263] Ibid., p. 32.
[264] MARQUES, Oswaldo Henrique Duek. *Fundamentos da Pena*. 3. ed. São Paulo: WMF Martins Fontes, 2016, p. 179.
[265] Tradução livre de: *"la función de la pena es la prevención general positiva: la reacción estatal ante hechos punibles, la cual al mismo tiempo protege la conciencia social de la norma"*. (HASSEMER, Winfried. "Fines de la pena en el derecho penal de orientación científico social" in *Derecho Penal y Ciencias Sociales*. Tradução Maria Teresa Castiñeira.

retribuição pela ação seriam na verdade instrumentos para realizar a finalidade de prevenção geral positiva. Isso porque a ressocialização, como finalidade secundária da pena, evidencia que "a sociedade corresponsável e atenta aos fins da pena não tem qualquer legitimação para a simples imposição de um mal"[266]. Assim, dentro do conceito limitador da responsabilidade pelo fato, o limite intransponível da finalidade preventiva são os direitos do condenado.

Há mais de 250 anos, Beccaria[267] afirmava que a melhor forma de se prevenirem crimes é com a certeza da punição. A pena deve ser justa e inevitável. Aquele que pratica o crime não o faz com a conta da pena nas mãos, mas sim com a expectativa de que seu crime será mantido dentro de uma margem segura de impunidade. Quase duas centenas de leis penais foram criadas ou alteradas desde a promulgação do Código Penal de 1940, aumentando-se em regra a pena. Porém, a criminalidade não diminui; ao contrário, ano a ano se constata que o número de presos aumenta[268], sem que no entanto se evidencie a diminuição da criminalidade.

O criminoso econômico não difere dessa expectativa de impunidade; ao contrário, como se pode constatar com a **teoria da Análise Econômica do Crime** de Gary Stanley Becker[269], laureado com o Prêmio de Ciências Econômicas (cujo nome oficial é Prêmio do Banco da Suécia para as Ciências Econômicas em Memória de Alfred Nobel). Becker fez uso do raciocínio econômico para demonstrar as variáveis consideradas pelo autor de um fato delituoso, especialmente por se tratar de decisão tomada por indivíduos racionais.

Richard Posner entende ser viável a análise econômica em todos os ramos do direito, através do método da escolha racional para

---

Barcelona: Bellaterra, 1982, p. 137).
[266] Tradução livre de: "*la sociedad corresponsable y atenta a los fines de la pena no tiene ninguna legitimación para la simple imposición de un mal*". (Ibid).
[267] BECCARIA, Cesare Bonesana. *Dos delitos e das penas*. Tradução Paulo M. de Oliveira. Rio de Janeiro: Tecnoprint Gráfica Editora, 1980, p. 68. (Coleção Clássicos de Ouro).
[268] Neste sentido, vale a pena refletir sobre o relatório INFOPEN. Disponível em: <http://www.justica.gov.br/seus-direitos/politica-penal/documentos/infopen_dez14.pdf>. Acesso em: 30 set. 2017. Em catorze anos a população carcerária aumentou 270%. Entre 2000 e 2014 a população carcerária cresceu 7% ao ano, enquanto que a população brasileira cresceu ao todo 16% para o mesmo período, portanto, uma taxa de crescimento dez vezes maior.
[269] BECKER, Gary Stanley. Crime and Punishment: An Economic Approach. *Journal of Political Economy*, Chicago: The University of Chicago, v. 76, n. 2, p. 169-217, mar./abr., 1968.

alocação eficiente dos recursos, isto é, a decisão procura maximizar a utilidade de quem a decide, fazendo-a racionalmente. O ser humano é um maximizador racional quando tem em mente os fins que persegue, em uma operação de autointeresse[270]. Em consequência, quando um preso cumpre uma pena, está pagando o preço que a sociedade estipulou pelo crime, razão pela qual o aumento de sua penalidade corresponderia a tornar a prática delitiva mais custosa, o que deveria desestimular outros potenciais infratores.

Para Becker, no entanto, há uma relação entre a opção da prática de um ilícito por um sujeito racional, com a probabilidade de o fato ser descoberto pelas autoridades e vir a ser julgado, a respectiva punição em caso de condenação, o efetivo cumprimento da pena e outras variáveis, como a renda disponível em atividades legais e outras atividades ilegais, a frequência de prisões e sua vontade de cometer um ato ilegal[271].

De acordo com essa concepção, o possível autor de um fato criminoso optaria pela prática de um crime quando o benefício obtido com sua conduta ilegal fosse maior que a alternativa legal, razão pela qual "pode-se supor que os seus comportamentos serão, por norma, os típicos de um *agente económico racional* que procura *maximizar utilidades*"[272]. Evidentemente que aspectos psicológicos devem entrar como variáveis, até porque por freios morais as pessoas tendem a agir de acordo com o direito. Entretanto, aqui não se está a referir às pessoas que não praticariam a conduta delituosa, mas sim o oposto.

E especificamente com relação ao autor de um crime econômico, considerando suas respectivas especificidades, como ser um homem de negócios que, dentro de um sistema capitalista, visa ao lucro, cujas ações são dotadas de racionalidade e análise de custos, parece que a teoria da Análise Econômica do Crime encontra seu *habitat* natural, especialmente se for considerado que, em regra, esses crimes se distanciam de outros que, por vezes, decorrem de um ato impulsivo do agente, como o homicídio, por exemplo.

---

[270] POSNER, Richard. *Economic Analysis of Law*. New York: Aspen, 2003, p. 3.
[271] BECKER, Gary Stanley. Crime and Punishment: An Economic Approach. *Journal of Political Economy*, Chicago: The University of Chicago, v. 76, n. 2, p. 169-217, mar./abr., 1968.
[272] PATRÍCIO, Miguel. A análise econômica do crime: uma breve introdução. *Revista Jurídica Luso Brasileira*. Lisboa: Faculdade de Direito da Universidade de Lisboa, n. 1, p. 157-175, 2015.

Ao contrário, pela proximidade do Direito Penal com o Direito Econômico e com sua cada vez maior administrativização, os crimes econômicos em regra são praticados por meio de atos complexos, que envolvem verdadeira análise de custos por parte do agente. Portanto, para a prevenção de um crime econômico, modelos basedos no comportamento do criminoso racional apresentam maior possibilidade de êxito, porque desistimulariam a prática do crime com a certeza de que este economicamente não compensa.

Alison Oliver[273] conseguiu sintetizar a fórmula-padrão de Becker, para considerar que os possíveis autores de um ilícito penal fazem o seguinte cálculo para suas análises maximizadoras de utilidades: subtrai-se do benefício com a prática do crime (que inclui as vantagens econômicas e psicológicas) o resultado da multiplicação da severidade da pena com a probabilidade de sua aplicação, denominado de custos relacionados com a atividade de repressão. Se após o cálculo o resultado for positivo, haverá um custo-benefício que compensa sua prática. A fórmula foi assim exposta pelo autor: $(b - cp) > 0$, onde "b" é o benefício com o ilícito, "c" é a severidade da pena e "p" é a probabilidade de sua aplicação, que varia entre 0 (0%) e 1 (100%).

Em consequência, a redução do crime pode ser alcançada pela redução do "b" (benefício com o ilícito) ou pelo aumento de "c" (severidade da pena) ou de "p" (probabilidade de aplicação). Entretanto, o simples aumento de "c", isto é, o agravamento da pena, pode ser anulado se houver pequena probabilidade de aplicação da pena ("p")[274]. Portanto, quanto maior a probalidade de aplicação da pena, maior a prevenção à prática delitiva.

Entretanto, essa fórmula demonstra que não basta apenas a certeza da punição, porque se a severidade da pena for baixa – independentemente de qual for a sanção penal respectiva entre as penas previstas na Constituição –, ainda assim os benefícios com o ilícito podem compensar sua prática. Portanto, uma resposta adequada exige que, além de uma alta probabilidade de aplicação da pena, esta seja a

---

[273] OLIVER, Alison. The Economics of Crime: An Analysis of Crime Rates in America. *The Park Place Economist*. Bloomington: Illinois Wesleyan University, v. 10, 2002. Disponível em: <http://digitalcommons.iwu.edu/cgi/viewcontent.cgi?article=1171&context=parkplace >. Acesso em: 27 set. 2017.
[274] PATRÍCIO, Miguel. A análise econômica do crime: uma breve introdução. *Revista Jurídica Luso Brasileira*. Lisboa: Faculdade de Direito da Universidade de Lisboa, n. 1, p. 157-175, 2015.

necessária, o que reforça mais uma vez a importância da estrita observância do princípio da individualização da pena.

Alison Oliver ainda considera a hipótese de Isaac Erlich, que entende devam ser acrescentados à fórmula os custos de oportunidade ("o"), que seriam as vantagens perdidas decorrentes das alternativas legais de obter o mesmo rendimento, os quais deveriam ser somados ao resultado da severidade da pena com a probabilidade de sua aplicação, o que pode ser equacionado como: b − (cp + o) > 0. Nessa seara, Miguel Patrício lembra que o custo de oportunidade pode ser bem demonstrado pela inserção de criminosos nas atividades legais lucrativas, como se constata com os inúmeros casos de cibercriminosos que aceitam emprego em segurança da informação, pública ou privada[275].

É fato que a teoria da Análise Econômica do Crime possa sofrer críticas, tais como a racionalidade da opção por praticar o crime e a diferença de percepção individual relativa a prática delitiva, especialmente se consideradas as realidades morais, sociais e econômicas. Entretanto, ao menos com relação ao crime econômico, ao que parece essas limitações são bastante reduzidas em face das próprias características de seus autores, que em regra pertencem às classes sociais mais elevadas, são dotados de instrução e conhecimento da sua atividade, razão pela qual parece válida essa teoria para fins de prevenção geral, positiva ou negativa.

Dessa forma, é o conhecimento de que o resultado da análise do custo-benefício com a prática do crime será negativo que desestimula o possível autor de um fato. E essa prevenção pode ser realizada de forma positiva, com a diminuição do benefício por políticas do Estado, com o aumento da probabilidade da aplicação da pena, elevando a confiança das pessoas na vigência da norma, ou com o incremento de oportunidades legais. Todavia, também poderá acontecer de forma negativa, com o aumento da sanção penal, muito embora limitada com a probabilidade de sua aplicação e com os dados empíricos supramencionados.

---

[275] Ibid.

III.1.2.2 - Prevenção especial

A **teoria da prevenção especial** não tem por escopo retribuir o fato, mas justifica a pena na prevenção de novos delitos do autor. Denomina-se prevenção especial negativa aquela que busca prevenir novos delitos pela intimidação individual ou defesa social penal, pela separação ou segregação. Será positiva quando buscar a reinserção social do autor do delito.

Ao se falar em prevenção especial, costuma-se remeter ao pensamento de Franz Von Lizst[276], especialmente em face de seu Programa de Marburgo. Em linhas mestras, Von Liszt propõe "neutralização dos incorrigíveis e correção dos corrigíveis"[277].

Manuel de Rivacoba y Rivacoba esclarece que o penalista de origem húngara e nascido em Viena não negava o fim retributivo da pena, porém a pena na sua concepção seria essencialmente finalista[278], tendo por objeto a proteção de bens jurídicos, que, de um lado, produz efeito de prevenção geral, e, de outro, sobre o próprio delinquente, como prevenção especial, "seja, segundo a índole daquele e a categoria a que consequentemente pertença por sua intimidação, sua ressocialização ou inocuização (neutralização)"[279]. Para fins de

---

[276] Entretanto, o olhar voltado ao delinquente, e não tanto ao fato, já era conhecido desde o direito canônico (com a necessidade de emenda e expiação do herege), sendo aprofundando a partir da metade do século 19, com o positivismo criminológico e que continuou a ser objeto de estudo e defesa por outras correntes, como exemplificativamente a correcionalista e a da defesa social, já estudadas no capítulo anterior.

[277] Tradução livre de: *"neutralización de los incorregibles y corrección de los corregibles"* (VON LISZT, Franz. *La idea de fin en el derecho penal*. Valparaíso: Edeval, 1984, p. 126).

[278] *"A pena é originalmente, ou seja, naquelas formas primitivas que se pode verificar no começo da história da cultura humana, uma reação da sociedade perante perturbações externas das condições de vida, tanto do indivíduo como do grupo de indivíduos, cega, instintiva e não intencional nem determinada pela representação de um fim. Todavia, pouco a pouco a pena transforma sua natureza. É objetiva, noutras palavras, é a transição da reação dos círculos imediatamente afetados para a apuração realizada por órgãos que não foram afetados, que são capazes de examiná-lo com serenidade, possibilitando uma análise mais séria de seus efeitos. A experiência leva a conclusão do caráter finalista da pena. Através da ideia do fim, ela ganha objetivo e medida, e se desenvolvem tanto o pressuposto da pena (o delito) como seu conteúdo e extensão (o sistema de penas); sob o domínio do pensamento, se transforma em direito penal. A tarefa do futuro é prosseguir na mesma direção do desenvolvimento iniciado; transformar, consequentemente, a cega reação em uma proteção jurídica de bens consciente de seu objetivo".* (Tradução livre de: Ibid, p.63-64).

[279] Tradução livre de: *"sea, según la índole de aquél y la categoria a que en consecuencia pertenezca, por su intimidación, su resocialización o su inocuización (neutralización)"*. (RIVACOBA Y RIVACOBA, Manuel. Franz von Lizst y el Programa de Marburgo. In: *La*

tipificação do delito, deve ser utilizado o efeito preventivo geral, enquanto a prevenção especial determinará a espécie e extensão da pena em cada caso particular.

Jiménez de Asúa esclarece que, quando do lançamento do *Programa de Marburgo,* a ideia dominante era que a pena era retributiva e sua justiça residia em sua natureza ética. Von Liszt contestava essa ideia, por entender que a ética não justifica ou fundamenta a pena, já que somente o fim pode justificá-la e a pena justa será a que melhor proteger os bens jurídicos, razão pela qual a pena justa é a pena necessária, concluindo que a pena é a prevenção através da repressão[280]. A pena é entendida como o meio para atingir um fim, e exige adequação do meio e maior economia possível em sua administração[281].

Conclui Von Liszt que se correção, intimidação e neutralização são os efeitos possíveis da pena, e com isso as prováveis formas de proteção do bem jurídico, então esses três tipos de pena devem corresponder a três categorias de delinquentes, objetivando: a correção dos delinquentes que necessitem de correção e são capazes de serem corrigidos; a intimidação dos delinquentes que não necessitem de correção; e, por fim, a neutralização dos delinquentes que não sejam suscetíveis à correção[282].

Apoiado em estatísticas de sua época, entende Von Liszt que os reincidentes constituem a maioria dos delinquentes e dos irrecuperáveis, por isso defende que não seria adequado empregar recursos elevados com a intenção de corrigi-los, pois retornariam ao sistema e outros

---

idea de fin en el derecho penal. Valparaíso: Edeval, 1984, p. 11).
[280] JIMÉNEZ DE ASÚA, Luis. "Corsi e ricorsi" *in La idea de fin en el derecho penal.* Valparaíso: Edeval, 1984, 1a. reimpressão 1994, p. 43. "*A pena correta, isto é, a pena justa é a pena necessária. Justiça em direito penal quer dizer respeito à magnitude da pena exigida pela ideia de fim. Assim como a pena jurídica nasceu como autolimitação do poder estatal por objetificação, chega a sua máxima perfeição pela perfeição da objetivação. A associação completa do poder estatal à ideia de fim é o ideal de justiça punitiva*" (Tradução libre de: VON LISZT, Franz. *La idea de fin en el derecho penal.* Valparaíso: Edeval, 1984, p. 106).
[281] Von Liszt chega a enfatizar que não haveria pecado maior contra a ideia do fim da pena que o uso desmedido da pena, como atentado contra a existência corporal, ética e econômica de um cidadão, em situações que não sejam exigidas pelas necessidades do ordenamento jurídico.
[282] VON LISZT, Franz. *La idea de fin en el derecho penal.* Valparaíso: Edeval, 1984, p. 114-115.

valores seriam novamente despendidos. Assim, por necessitar a sociedade se proteger desses delinquentes irrecuperáveis, sem se valer da pena capital ou do exílio, "não nos deixa como alternativa senão a privação da liberdade para a vida (no seu caso, por tempo indeterminado)"[283].

No grupo dos corrigíveis, encontrar-se-iam aqueles delinquentes que, por predisposição hereditária ou adquirida, foram levados ao crime, mas que ainda poderiam ser recuperados através de séria e verdadeira disciplina. Propõe que, para esse grupo passível de correção, a pena indeterminada deveria ser executada de um a cinco anos, inicialmente com a reclusão unicelular e, em caso de bom comportamento, progressivamente com a reclusão comunitária, valendo-se o Estado do trabalho e da educação. Caso demonstre sua correção, o delinquente poderia ser colocado em liberdade, com vigilância policial que duraria o mesmo tempo do restante de encarceramento[284].

No último seguimento, encontrar-se-iam os delinquentes ocasionais, que praticaram um único fato criminoso, sem perigo de se tornar frequente a sua repetição. Nesses casos, a pena deve ter efeito intimidatório, com o escopo de restabelecer apenas a autoridade da lei violada, no dizer de Von Liszt, "uma advertência, um 'papel para pensar', adequado ao impulso egoísta do delinquente"[285].

Gustavo Octaviano Diniz Junqueira, sem deixar de reconhecer a divisão macronegativa e positiva, encontra cinco classificações para a prevenção especial, de acordo com seus fundamentos filosóficos e finalidades específicas: negativa de inocuização; negativa de intimidação; positiva-curativa; positiva-ressocializadora (programa máximo); e, por fim, positiva dentro de um programa mínimo de oferta de condições para a não reincidência[286].

A prevenção especial negativa de inocuização busca prevenir a reiteração delitiva, segregando da sociedade esse condenado, como

---

[283] Tradução livre de: *"no nos queda outra cosa que la privación de libertad de por vida (en su caso, por tiempo indeterminado)"*. (Ibid., p. 120).
[284] Ibid., p. 124.
[285] Tradução livre de: *"una advertencia, un 'papel para pensar' adecuado al impulso egoísta el delincuente"*. (VON LISZT, Franz. *La idea de fin en el derecho penal*. Valparaíso: Edeval, 1984, p. 125.)
[286] JUNQUEIRA, Gustavo Octaviano Diniz. *Finalidades da pena*. Barueri: Manole, 2004, p. 80.

forma de defesa social, já que o afastando do convívio social, por não o merecer, não teria como atentar contra a coletividade. A negativa de intimidação busca, pela imposição de mal ao apenado, que este não torne a praticar outro delito, para não se ver novamente diante do suplício. A positiva curativa, ao enxergar no delinquente um ser doente, objetiva tratá-lo para que, curado e ressocializado, não tenha mais tendências criminosas. O programa máximo tem por escopo mudar o modo de agir do delinquente e contribuir com a sociedade, emendando-o para os padrões morais dela. Por fim, o programa mínimo considera socializado o indivíduo que passe a agir em conformidade com o ordenamento jurídico, com a menor incidência estatal na esfera dos direitos do condenado, respeitando seus valores e liberdades[287].

Discute-se a eficácia da aplicação da prevenção especial ao autor de um crime econômico, vez que, em regra, trata-se de indivíduo teoricamente socializado, por ser pertencente das classes sociais mais elevadas, integrado ao meio social, razão pela qual não necessitaria de medidas que busquem sua reinserção social, conforme entende Carles Viladàs Jené. Segundo ele, "a pena privativa de liberdade não será adequada para o delinquente econômico"[288].

Entretanto, conforme bem adverte Oswaldo Henrique Duek Marques, inclusive contrapondo posição de Santiago Mir Puig, para quem condenados ocasionais de "colarinho-branco" não necessitariam ser socializados, a finalidade preventiva especial positiva não deve ser afastada dos condenados por crimes econômicos, "pois seus autores atuam em detrimento da coletividade, movidos por interesses econômicos"[289].

Em consequência, autor de crime econômico não poderia ser considerado socializado, já que essa é a qualidade de quem "possui sentimentos de alteridade, probidade, e de interesse de agir em prol da comunidade em que vive, e não de tirar vantagens de seu nível social para auferir vantagens em prejuízo dos membros de seu grupo"[290].

---

[287] Sobre cada uma dessas teorias, ver a exaustiva pesquisa de Gustavo Octaviano Diniz Junqueira (Ibid., p. 78-91).
[288] VILADÀS JENÉ, Carles. *La delincuencia económica*. In: BERGALLI, Roberto e BUSTOS RAMÍREZ, Juan. (Coord.). El pensamiento criminológico. Vol. II: *Estado y control*. Bogotá: Temis, 1983, p. 238.
[289] MARQUES, Oswaldo Henrique Duek. *Fundamentos da Pena*. 3. ed. São Paulo: WMF Martins Fontes, 2016, p. 194.
[290] Ibid.

Portanto, a característica de ser socializado não estaria relacionada à classe social a que pertença o indivíduo ou à sua inserção em determinada classe social, mas sim no seu agir dentro das expectativas sociais que se espera do seu comportamento. Dentro de um Estado Democrático de Direito, ainda que não se possa exigir, ou mesmo esperar, que o indivíduo atue sempre em prol da sociedade, socializado será aquele que ao menos respeite as regras legitimamente impostas pela sociedade, como corolário dos princípios fundamentais da cidadania e da dignidade da pessoa humana.

Com base na concepção de que socializado é o indivíduo que não atue em detrimento da sociedade, perfeitamente possível que a pena ao criminoso econômico, além de simples inocuização ou segregação pessoal, tenha por finalidade propiciar um programa mínimo de condições que possibilite a ele mudar seu comportamento, passando a atuar em conformidade com o ordenamento jurídico, independentemente da classe social a que pertença ou do crime que tenha praticado.

III.1.2.3 - Teorias unificadoras ou ecléticas

Ante as críticas formuladas a cada uma das teorias absoluta (retributiva) e relativas (prevenção geral e especial, em suas respectivas vertentes), surgiram as **teorias unificadoras ou ecléticas**, que têm por objetivo conciliar as finalidades retributivas e preventivas da pena, diante da insuficiência de que cada uma possa surtir efeitos isoladamente. "As teorias mistas floresceram, sobretudo, na França, por intermédio de Rossi, Garraud, Haus (belga), Chauveau et Hélie"[291], tendo Carmignani emprestado sua autoridade a essa tendência e Merkel sido seu grande expoente.

Não se pode deixar de considerar, com base na análise do pensamento dos diversos penalistas até aqui estudados, que muitos já pensavam em mais de um fim para a pena, ou melhor, que a pena, além da finalidade principal que defendiam, poderia ter outras funções acessórias. Beccaria, por exemplo, embora fosse o pai da escola clássica e defendesse a pena com um fim retributivo, enxergava nela uma finalidade preventiva. Carrara encontrava na pena finalidade retributiva,

---

[291] LYRA, Roberto. *Comentários ao Código Penal*. Vol. II. Rio de Janeiro: Forense, 1942, p. 28.

mas não deixava de considerar que a correção poderia ser uma consequência acessória desejável, ainda que não fosse o fim da pena. Feuerbach, apesar de defensor da prevenção geral negativa, não deixava de considerar uma finalidade paralela, que seria o melhoramento daquele que foi punido. Von Liszt, como visto, defendia a prevenção geral no momento da cominação da pena e prevenção especial quando da sua execução[292].

Essa constatação não quer dizer, em absoluto, que referidos autores não seriam representantes genuínos ou icônicos das correntes que defenderam ou, dito de outra forma, que seriam pensadores ligados às correntes ecléticas; trata-se apenas de um simples juízo de constatação: outras finalidades para a pena sempre foram encontradas, sendo elas desejadas ou não.

As teorias mistas ou ecléticas podem ser subdivididas em **unificadoras aditivas** e **unificadoras dialéticas**. Na primeira, as finalidades da pena são somadas e reconhecidas como presentes dentro do sistema, sem critérios para equilibrar os fins ou limites para compreensão e aplicação da pena. Já na dialética, há o reconhecimento de mais de uma finalidade, porém, há uma ordem a ser seguida, que limita a atividade do jurista e aplicador[293].

A Adolf Merkel deve-se o início da teoria eclética na Alemanha, no início do século 20. Para ele, a retribuição contempla uma tendência preventiva[294]. Por ser a pena uma reação contra o delito, destinada a reparar ou compensar suas consequências, deve ser referida e subordinada ao conceito de retribuição. Entretanto, no seu entender, tal não impede que a pena possua também finalidade preventiva[295]. Os delitos, como os contratos e atos jurídicos, contêm o fundamento e a medida das ações deles derivadas (consequências), não como pertencentes ao passado, mas sim enquanto seguem produzindo efeitos

---

[292] Diversos outros pensadores poderiam aqui ser citados no mesmo sentido.
[293] JUNQUEIRA, Gustavo Octaviano Diniz. *Finalidades da pena*. Barueri: Manole, 2004, p. 99/100.
[294] MERKEL, Adolf. *Derecho penal*: parte general. Tradução Pedro Dorado Montero. Montevidéu: B de F, 2006, p. 194.
[295] *"Obviamente, foi estabelecida uma contraposição entre essa propriedade da pena e a sua outra particularidade de ser um meio para o cumprimento dos fins do Estado, acreditando que ela só poderia responder à primeira dessas propriedades (teoria da retribuição), ou apenas à segunda (teorias teleológicas), com a exclusão da outra. Ante o exposto, resta claro não ser possível estabelecer, em geral, contraposição semelhante"* (Tradução livre de: Ibid.).

futuros e esses efeitos afetam o presente e o futuro[296].

Segundo Merkel, a contraposição entre as teorias absolutas e relativas somente existe para quem não percebe a conexão entre delito e pena. A pena se refere ao delito cometido, encontrando neste a sua razão jurídica, o seu conteúdo e a sua extensão. Assim, a circunstância de ter de retroceder, em busca de um fundamento, até uma ação passada, não exclui que se possa olhar o futuro quando se busca sua finalidade. E Merkel enfatiza ser incabível questionar se o Estado pune porque uma lei foi violada ou para evitar a prática de novos crimes[297]. Acrescenta que a retribuição contida na pena deve ser justa, como deve ser a pena em geral, sem indicar qualquer finalidade, mas apenas uma propriedade.

Outra referência à teoria unitária foi dada por Pellegrino Rossi[298], para quem os efeitos da pena são diversos. Enquanto prevista na legislação, seu efeito principal é de instruir e intimidar, porém, ao ser infligida ao condenado, a pena pode produzir igualmente instrução, intimidação ou emenda do culpado[299]. A pena é o sofrimento infligido ao culpado em razão de seu crime, por isso há íntima relação de quantidade entre o mal do crime e o mal da pena, ou seja, a extensão da punição não deve exceder a medida do delito[300].

Dentro da teoria dialética, há a doutrina diacrônica, na qual os fins da pena variam de acordo com o momento da sanção, assim, na ameaça, existe prevenção geral, enquanto na aplicação prevaleceria a função retributiva e, na execução, o fim ressocializador. No entender de

---

[296] *"A raiz e a fonte da luta aludida entre as teorias penais se encontram no impossível que é reconhecer os efeitos psicológicos do delito, e a conexão causal deles com a resposta que determinam, em forma de autoauxílio, já na realização ordenada e regulada do Direito, ora em forma de penas privadas, ora nas penas públicas, assim como os propósitos que tais penas devem buscar"* (Tradução livre de: MERKEL, Adolf. *Derecho penal*: parte general. Tradução Pedro Dorado Montero. Montevidéu: B de F, 2006, p.195).

[297] *"Tão insensato como perguntar se o devedor se obrigou a pagar um empréstimo por ter contraído uma dívida, ou para que o credor receba o que lhe é devido, da mesma forma, exatamente da mesma maneira é irracional perguntar se o Estado castiga porque a lei foi violada (*quia peccatum est*) ou para que no futuro ele seja respeitado e obedecido (*ne peccetur*)* (Tradução livre de: Ibid., p. 194).

[298] *"Nós acreditamos ter demonstrado que atribuir ao castigo, dado isoladamente como um fato material, um propósito próprio e final é o mesmo que a abstração da justiça; porque o medo, o exemplo, a violência, quando tomados como um propósito único e final, não rejeitam o ponto de sua própria natureza de uso de meios injustos ou excessivos"* (ROSSI, Pellegrino. *Trattato di diritto penale*. Torino: Tipografia di Gaetano Bozza, 1859, p. 400).

[299] Ibid., p. 400.

[300] Ibid., p. 409.

Gustavo Octaviano Junqueira Diniz, não seria possível realizar tais cortes dentro de um sistema coerente, sob pena de se perder a unidade valorativa, especialmente se considerar-se a finalidade da pena como marco orientador de todo o sistema[301].

Como visto acima, Claus Roxin encontra em cada etapa de atuação estatal uma finalidade da pena distinta. No momento da cominação há prevenção geral, além da informação do proibido. Na aplicação, existe prevenção geral (principal) e especial (secundária). Na execução, a principal finalidade é de prevenção especial, e a função secundária é preventiva geral.

O autor parte do pressuposto, hoje óbvio, mas que há até bem pouco tempo era presente na história da humanidade, de que não é permitido punir alguém para realizar fins divinos ou transcendentais, bem como não se legitima a punição para a correção moral de qualquer tipo. A função do Direito Penal seria garantir a todos a vida em comum livre de perigos[302], razão pela qual o Direito Penal no Estado moderno deve proteger bens jurídicos e também o cumprimento de prestações de caráter público de que depende o indivíduo no quadro da assistência social do Estado, possibilitando, dessa forma, o livre desenvolvimento de sua personalidade.

Defende Roxin que o Direito Penal é subsidiário, portanto, somente quando indispensável para a vida em comum pode o Estado intervir através de normas penais. Não é legítima sua intervenção se outros meios menos onerosos bastarem, ficando a paz jurídica perturbada. Recebe o bem jurídico assim dupla proteção: por meio do Direito Penal e em face dele, cuja utilização exarcebada provoca as situações que pretende combater[303]. E somente será lícita essa intervenção subsidiária para punir condutas lesivas a bens jurídicos. Em consequência, para Roxin, o limite do poder punitivo estatal encontra-se na proteção preventivo-geral e subsidiária de bens jurídicos e prestações de caráter público[304].

Também na fase de imposição de pena, embora entenda que

---

[301] JUNQUEIRA, Gustavo Octaviano Diniz. *Finalidades da pena*. Barueri: Manole, 2004, p. 99-100.
[302] ROXIN, Claus. *Problemas fundamentais de direito penal*. 3. ed. Tradução Ana Paula dos Santos Luís Natscheradetz. Lisboa: Veja, 1998, p. 27.
[303] Ibid., p. 28.
[304] Ibid., p. 32.

prevaleça a prevenção geral, existe o componente de prevenção especial, pois no mínimo segregará o delinquente. Porém, não se deve olvidar que, ao restringir a liberdade do delinquente, não o faz em seu interesse, mas no da comunidade, e que, portanto, serve a outros e não a ele. Assim, a pena deve ser necessária para restaurar o ordenamento jurídico. Justifica-se sua aplicação com o fim de harmonizar a necessidade dessa pena para a sociedade e também para a prevalência da autonomia da personalidade do delinquente, que o direito deve garantir. Duas restrições seriam insuperáveis, já que não pode o Estado submeter a pessoa a qualquer trato que a prive de suas declarações, bem como não pode a pena ultrapassar a medida da culpa, que serve para limitar o poder punitivo estatal e nunca para justificá-lo:

> Assim enquadrado, o conceito da culpa - que enquanto realidade experimental não se pode discutir - tem a função de assegurar ao particular que o Estado não estenda o seu poder penal, no interesse da prevenção geral ou especial, para além do correspondente à responsabilidade de um homem concebido como livre e susceptível de culpa[305].

A pena, portanto, é justa e legítima, porque o infrator tem de responder por seus atos na medida da sua culpa, salvaguardando a comunidade a que pertença, e não pela simples imposição de um mal por outro mal. A culpa individual é o caminho para atingir o fim da prevenção geral, e superá-la, no entender de Roxin, seria atentar contra a dignidade humana. Ao contrário da teoria retributiva, para Roxin, é plenamente possível aplicar a pena aquém da culpa do delinquente, sempre que se restaurar a paz jurídica com sanções menos graves[306].

---

[305] ROXIN, Claus. *Problemas fundamentais de direito penal*. 3. ed. Tradução Ana Paula dos Santos Luís Natscheradetz. Lisboa: Veja, 1998, p. 36.
[306] *"Resumindo, pode dizer-se acerca da segunda fase de eficácia do direito penal, que a aplicação da pena serve para a protecção subsidiária e preventiva, tanto geral como individual, de bens jurídicos e de prestações estatais, através de um processo que salvaguarde a autonomia da personalidade e que, ao impor a pena, esteja limitado pela medida da culpa. Pode ver-se que assim se conserva o princípio da prevenção geral, reduzido às exigências do Estado de Direito e completado com as componentes de prevenção especial da sentença, mas que, simultaneamente, através da função limitadora dos conceitos de liberdade e culpa, e em consonância com a nossa lei fundamental, se desvanecem as observações que se opõem a que aquele princípio seja levado e conta na graduação da pena"*. (Ibid., p. 40).

A execução, último estágio da realização do direito penal, também seria motivada pela prevenção geral, mas sem se afastar da ressocialização, já que seria interesse da sociedade recuperar o autor do fato para possibilitar sua volta à sociedade, o que seria verdadeiro bem ao condenado, na medida em que possibilita o desenvolvimento de sua personalidade. Adverte Roxin que deve ser respeitada a autonomia da pessoa, sendo vedado o tratamento coercitivo que interfira na estrutura da personalidade, por mais que tenha cunho ressocializante. Com efeito, há prevenção geral na execução da pena[307] e não é plausível afastá-la nessa etapa da atuação estatal, porém o fim legítimo da execução é a ressocialização. Esta, aliás, deve ser em forma de oferta e nunca de imposição.

Jorge de Figueiredo Dias defende que a pena pode perseguir apenas a prática de crimes futuros, portanto, com finalidades preventivas, seja de prevenção geral ou especial, ambas em suas vertentes positiva ou negativa. Afasta-se qualquer fim retributivo, já que o Estado só poderia subtrair de cada pessoa o mínimo de seus direitos, liberdades e garantias indispensáveis ao funcionamento da sociedade, preservando-se assim a realização mais livre possível da personalidade do indivíduo[308].

Entende o jurista português que as finalidades preventivas geral e especial "*devem coexistir e combinar-se* da melhor forma e até o limite possível, porque umas e outras se encontram no propósito comum de prevenir a prática de crimes futuros"[309], sem prejuízo de se admitir que a prevenção geral positiva ou de integração constitui a finalidade primordial da pena.

Em sua teoria, Figueiredo Dias defende que a pena concreta é limitada no seu máximo pela medida da culpabilidade e, no âmbito desse limite máximo, é determinada no interior de uma moldura de prevenção geral de integração, cujo limite superior é constituído pela medida ótima de tutela dos bens jurídicos e das expectativas comunitárias que a pena deve propor alcançar, e o limite mínimo será a defesa do ordenamento jurídico, abaixo do qual não se poderá cumprir

---

[307] ROXIN, Claus. *Problemas fundamentais de direito penal*. 3. ed. Tradução Ana Paula dos Santos Luís Natscheradetz. Lisboa: Veja, 1998, p. 41.
[308] DIAS, Jorge de Figueiredo. *Questões fundamentais do direito penal revisitadas*. São Paulo: Revista dos Tribunais, 1999, p. 129.
[309] Ibid., p. 130.

sua função de proteção dos bens jurídicos[310].

Eventual prevenção geral negativa, desejável em certos casos, seria apenas um efeito lateral necessário ao exercício de sua função de tutela desses bens. A medida da pena, dentro dessa moldura, será em última instância determinada pela prevenção especial, que será positiva quando o "agente se revelar *carente de socialização*". Excepcionalmente, permite-se a negativa, com a intimidação individual ou inocuização[311].

Em sentido oposto caminha Gustavo Octaviano Diniz Junqueira, para quem "a pena serve primeiro – para estabelecer limites – para retribuir, e somente na fixação de um limite mínimo e na justificação da violência da pena para prevenir"[312]. Segundo ele, se a culpabilidade é o limite da pena é porque prevalece no conflito entre as finalidades preventivas e retributivas, tratando-se do vértice da finalidade preponderante da pena. Nas palavras do autor, "a retribuição da culpabilidade deve permanecer como *finalidade* em razão de sua função de garantia – finalidade de garantir o indivíduo contra o poder do Estado. A prevenção permanece como vértice da diminuição da violência/prevenção de crimes"[313].

Expostas essas teorias que fundamentam a pena, imprescindível então verificar a(s) finalidade(s) da pena no Brasil.

III.2 - Finalidade(s) da pena no direito penal brasileiro

Zaffaroni e Nilo Batista entendem que "o fracasso de todas as teorias que concedem funções manifestas à pena" levou ao encontro de saída pelas teorias mistas ou "da união" aditiva (justiça sobre prevenção) ou dialética (prevenção sobre justiça), o que motivou os legisladores a tentar resolver o problema da legitimidade através da declaração de uma agência política[314]. "Tal simultaneidade (explicando

---

[310] Ibid., p. 131-132.
[311] DIAS, Jorge de Figueiredo. *Questões fundamentais do direito penal revisitadas*. São Paulo: Revista dos Tribunais, 1999, p. 133-134.
[312] JUNQUEIRA, Gustavo Octaviano Diniz. *Finalidades da pena*. Barueri: Manole, 2004, p. 140.
[313] Ibid., p. 141.
[314] Importante ressaltar a crítica a essas teorias mistas pelos autores, para quem se trata da "conjugação de funções diversas e incompatíveis". ZAFFARONI, Raul; BATISTA, Nilo et

a pena como retribuição, que, no entanto, cumpriria igualmente funções preventivas gerais ou especiais) e alternatividade funcional (se não cumpre uma função, cumpre outra)"[315], teria sido abraçada pela legislação boliviana[316], colombiana[317] e brasileira[318].

A posição majoritária da doutrina brasileira é pela adoção da teoria unificadora ou eclética, em face da redação do artigo 59 do Código Penal, como se extrai da lição de André Estafam que, ao interpretar esse dispositivo legal, afiança que:

> o magistrado deve voltar-se ao passado e, ao impor a pena, mirar na retribuição pelo ato cometido e, fazendo-o, graduar a pena segundo a gravidade do ato praticado; deve ele também mirar o futuro e impor a sanção de modo a que sirva de exemplo para todos (prevenção geral) e de fator interno de reflexão (prevenção especial)[319]

Concordam com essa posição Damásio Evangelista de Jesus, assegurando que "a pena, na reforma de 1984, passou a apresentar natureza mista: é retributiva e preventiva, conforme dispõe o art. 59, *caput*, do CP"[320], e Rogério Greco, para quem "a pena deve reprovar o mal produzido pela conduta praticada pelo agente, bem como prevenir

---

al. *Direito Penal Brasileiro*. 3. ed. Vol. I. Rio de Janeiro: Revan, 2006, p. 140.
[315] Ibid.
[316] *"Artigo 25° (A SANÇÃO). A sanção compreende as penas e as medidas de segurança. Tem como fim a reparação e readaptação social do delinquente, assim como o cumprimento das funções preventivas em geral e especial"*. (Tradução livre de: Código Penal y Código de Procedimiento Penal, Decreto Supremo 0667. Disponível em: <http://www.justicia.gob.bo/index.php/normas/doc_download/97-codigo-penal-y-codigo-de-procedimiento-penal->. Acesso em: 30 set. 2017.
[317] *"ARTIGO 4 FUNÇÕES DA PENA.*
A pena cumprirá as funções de prevenção geral, retribuição justa, prevenção especial, reinserção social e proteção ao condenado.
A prevenção especial e a reinserção social se operam no momento da execução da pena de prisão" (Código Penal – Lei n. 599, de 24 de julho de 2000).
[318] *"Art. 59 - O juiz, atendendo à culpabilidade, aos antecedentes, à conduta social, à personalidade do agente, aos motivos, às circunstâncias e conseqüências do crime, bem como ao comportamento da vítima, estabelecerá, conforme seja necessário e suficiente para reprovação e prevenção do crime"* (Código Penal brasileiro, Decreto-lei n. 2.848, de 7 de dezembro de 1940).
[319] ESTEFAM, André. *Direito penal*. 3. ed. Vol. 1. São Paulo: Saraiva, 2013, p. 324/325.
[320] JESUS, Damasio Evangelista. de. *Direito penal*. 30. ed. Vol. 1. São Paulo: Saraiva, 2009.

futuras infrações penais"[321].

René Ariel Dotti, em reflexão sobre os termos "necessário" e "suficiente", introduzidos com a reforma da parte geral do Código Penal, ressalva que:

> em tais vocábulos, entronizados num dos trechos mais relevantes do sistema positivo, se encontram reafirmadas as exigências de *retribuição* (que responde à culpa concreta), da *proporcionalidade* (que qualifica e quantifica a resposta) e da *prevenção* (geral e especial)[322].

Afinado por esse mesmo diapasão, Guilherme de Souza Nucci entende que, no Brasil, a pena encontra as finalidades retributiva, preventiva geral positiva e negativa e preventiva especial, também nas duas vertentes, servindo tanto para a ressocialização do condenado, conforme estampado na Lei de Execução Penal, quanto para sua segregação[323].

O exame da jurisprudência do Supremo Tribunal Federal denota que o entendimento que tem prevalecido é que o Brasil adotou a teoria unificadora aditiva, em que a pena serve tanto para retribuir como para prevenir, embora se entenda que "longe está de englobar a punição a

---

[321] GRECO, Rogério. *Curso de Direito Penal*. 16. ed. Rio de Janeiro: Impetus, 2014, p. 481.
[322] DOTTI, René Ariel. O novo sistema de penas. In: *Reforma penal*. São Paulo: Saraiva, 1985, p. 87.
[323] *"Conforme o atual sistema normativo brasileiro, a pena não deixa de possuir todas as características expostas em sentido amplo (castigo + intimidação e reafirmação do direito penal + ressocialização): o art. 59 do Código Penal menciona que o juiz deve fixar a pena de modo a ser necessária e suficiente para a reprovação e prevenção do crime. Além disso, não é demais citar o disposto no art. 121, §5º, deste Código, salientando que é possível ao juiz aplicar o perdão judicial, quando as consequências da infração atingirem o próprio ente de maneira tão grave que a sanção penal se torne desnecessária, evidenciando o caráter punitivo que a pena possui. Não se deve deixar de considerar a visão clássica sobre a pena (seus fundamentos e finalidades). (...) Sob outro prisma, mais atual, asseverando o caráter reeducativo da pena, a Lei de Execução Penal preceitua que 'a assistência ao preso e ao internado é dever do Estado, objetivando prevenir o crime e orientar o retorno à convivência em sociedade' (art. 10, caput, grifamos). Ademais, o art. 22 da mesma Lei dispõe que 'a assistência social tem por finalidade essencial a reforma e a readaptação social dos condenados'. Impossível, então, desconsiderar o multifacetado aspecto da sanção penal: retribuição e prevenção (geral e especial; positiva e negativa)".* (NUCCI, Guilherme de Souza. *Curso de direito penal*: parte geral. Rio de Janeiro: Forense, 2017, p. 629-630).

ferro e fogo"[324].

Ao apreciar a pena no Direito Penal brasileiro, o Tribunal Pleno do Supremo Tribunal Federal entendeu que sua "função é retributivo-ressocializadora ou restritivo-preventiva da sanção penal" e reforça que todas as penas no direito penal brasileiro devem exercer o "papel da retribuição-prevenção-ressocialização". Inclusive, restou consignado expressamente que "ninguém melhor do que o juiz natural da causa para saber, no caso concreto, qual o tipo alternativo de reprimenda é suficiente para castigar e, ao mesmo tempo, recuperar socialmente o apenado, prevenindo comportamentos do gênero"[325]. Esse entendimento ainda foi ratificado em julgamento de repercussão geral, ocorrido em 13 de dezembro de 2012[326].

Novamente, o Tribunal Pleno foi instado a manifestar seu entendimento sobre as finalidades da pena no Brasil, ao analisar o não pagamento da pena de multa como condição impeditiva da progressão de regime de condenado por crime econômico. Em voto da lavra do ministro Luiz Roberto Barroso, que criticou a "desarrumação" do sistema punitivo brasileiro e afirmou que seria atribuição do Supremo Tribunal Federal contribuir para a sua "rearrumação", evitando a expansão desmedida do Direito Penal e desempenhando papel dissuasório da criminalidade, a Corte Constitucional reafirmou que, no Brasil, adotam-se as finalidades retributiva e preventiva:

> 10. Como tenho sustentado em diversas manifestações, o sistema punitivo no Brasil encontra-se desarrumado. E cabe ao Supremo Tribunal Federal, nos limites de sua competência, contribuir para sua rearrumação. Nas circunstâncias brasileiras, o direito penal deve ser moderado, mas sério. Moderado significa evitar a expansão desmedida do seu alcance, seja pelo excesso de tipificações, seja pela exacerbação desproporcional de penas. Sério significa que sua aplicação deve ser efetiva, de modo a desempenhar o papel dissuasório da criminalidade, que é da sua essência.

---
[324] BRASIL. Supremo Tribunal Federal. *Habeas corpus* n. 87.138. Relator: Ministro Marco Aurélio. Decisão Monocrática. Julgado em 12/11/2005. Publicado em DJ 24/11/2005.
[325] BRASIL. Supremo Tribunal Federal. *Habeas corpus* n. 97256. Relator ministro Ayres Britto. Tribunal Pleno. Julgado em 1/9/2010. Disponibilizado no DJe-247 de 15/12/2010.
[326] BRASIL. Supremo Tribunal Federal. Agravo regimental n. 66.3261. Relator Ministro Luiz Fux. Tribunal Pleno. Julgado em 13/12/2012. Disponibilizado em 5/2/2013.

11. Em matéria de criminalidade econômica, a pena de multa há de desempenhar papel proeminente. Mais até do que a pena de prisão – que, nas condições atuais, é relativamente breve e não é capaz de promover a ressocialização –, cabe à multa o papel retributivo e preventivo geral da pena, desestimulando, no próprio infrator ou em infratores potenciais, a conduta estigmatizada pela legislação penal. Por essa razão, sustentei no julgamento da Ação Penal 470 que a multa deveria ser fixada com seriedade, em parâmetros razoáveis, e que seu pagamento fosse efetivamente exigido.

12. À vista das premissas acima estabelecidas, chego às seguintes conclusões parciais: (i) a pena de multa não perdeu o seu caráter de sanção penal; (ii) em matéria de criminalidade econômica, a pena de multa desempenha um papel proeminente de prevenção específica, prevenção geral e retribuição; e (iii) como consequência, a multa deve ser fixada com seriedade, proporcionalidade e, sobretudo, deve ser efetivamente paga[327].

As duas turmas do Supremo Tribunal Federal também já tiveram a oportunidade de pronunciar o entendimento de que no Brasil é adotada a teoria unificadora ou eclética: em julgamento na Primeira Turma, os ministros salientaram a "dupla finalidade da lei penal, a retribuição e a prevenção ao crime"[328]; por seu lado, a Segunda Turma, sem discordar, declarou que "a pena assume o caráter de prevenção e retribuição ao mal causado"[329].

---

[327] BRASIL. Supremo Tribunal Federal. Execução penal n° 12, Agravo regimental em progressão de regime. Relator Ministro Roberto Barroso. Tribunal Pleno. Julgado em 8/4/2015. Disponibilizando no DJe-111 de 10/6/2015. Esse entendimento foi ratificado em outro julgamento similar (BRASIL. Supremo Tribunal Federal. Execução penal n. 16, Agravo regimental em progressão de regime. Relator Ministro Roberto Barroso. Tribunal Pleno. Julgado em 15/4/2015. Disponibilizando no DJe-093 de 19/5/2015).
[328] BRASIL. Supremo Tribunal Federal. Recurso em *habeas corpus* n. 110084. Relator Ministro Luiz Fux. Primeira Turma. Julgado em 8/11/2011. Disponibilizado no DJe-226 de 28/11/2011.
[329] BRASIL. Supremo Tribunal Federal. *Habeas corpus* n. 107701. Relator Ministro Gilmar Mendes. Segunda Turma. Julgado em 13/9/2011. Disponibilizado no DJe-061de 23/3/2012.

A Sexta Turma do Superior Tribunal de Justiça, em decisão de 14 de março de 2017, enfrentou a finalidade da pena no direito brasileiro, e entendeu afastada do nosso ordenamento jurídico qualquer motivação lastreada em revanchismo, em vingança, pessoal ou social:

> Ocorre que *o direito penal não é instrumento de vingança, seja individual seja social; nem a Justiça é o meio de efetivá-la. Não é de aceitar-se o entendimento de Van Bemelen de que: Na realidade a justiça não é mais que a antiga vingança impessoal coberta de um verniz filosófico. Raspai a justiça e achareis a vingança.* Transcrevo essas palavras de um recurso especial apreciado aqui no Superior Tribunal de Justiça, interposto contra acórdão da Relatoria do Desembargador Federal Tourinho Neto (Apelação n. 2003.36.00.008505-4). Ali, S. Exa. faz ainda ponderações a respeito da finalidade da pena que *é, também, fazer com que o condenado volte ao convívio social sem sequelas que o impeçam de ter uma vida normal. Não é que se queira a lei como a serpente que só pica ao que está descalço (la ley es como la serpiente; solo pica al que está descalzo). O direito penal não pode ser um direito de cólera* [...].
>
> De acordo com precedente da Turma, *as penas devem visar à reeducação do condenado. A história da humanidade teve, tem e terá compromisso com a reeducação e com a inserção social do condenado. Se fosse doutro modo, a pena estatal estaria fadada ao insucesso* (PExt no HC n. 46.804/SC, Ministro Nilson Naves, DJe 28/4/2008).
>
> Além disso, como também afirmou o Ministro Nilson Naves, *se se lhe nega o caráter de correção, de readaptação do condenado, a pena estatal privativa de liberdade se desfigura, deslegitima-se até, ao Estado, então faltariam meios que a justificassem legítima e legalmente* (HC n. 73.020/PB, relator para acórdão Ministro Hamilton Carvalhido, Sexta Turma, DJe 15/9/2008).
>
> E, conforme delineia o art. 1°, da Lei de Execução Penal, a execução *tem por objetivo efetivar as disposições de sentença ou decisão criminal e*

> *proporcionar condições para a harmônica integração social do condenado e do internado.* Curvou-se a lei – de acordo com a respectiva Exposição de Motivos –, *sem questionar profundamente a grande temática das finalidades da pena.* [...] *ao princípio de que as penas e as medidas de segurança devem realizar a proteção de bens jurídicos e a reincorporação do autor à comunidade*[330].

Roberto Lyra, ressaltando que no seu entender o Código Penal de 1940, na redação originária de sua parte geral, adotara a defesa social[331], enfaticamente defendia que "pena não é vingança instintiva ou raciocinada, não é retorsão medida ou arbitrada, não é represália direta ou indireta, mas sim defesa adequada e intransigente"[332].

Com efeito, não é difícil encontrar na legislação brasileira arquétipos da adoção das diversas finalidades da pena – um balaio de normas com finalidades distintas –, o que denota a ausência de uma política criminal séria, o que deixa o Brasil à mercê de um Direito Penal cada vez mais de emergência.

De forma meramente exemplificativa, pode-se encontrar, como diversos autores, o fim retributivo nos artigos 121, §5°, e 129, §8°, ambos do Código Penal, ao facultar ao magistrado o perdão judicial quando "as conseqüências da infração atingirem o próprio agente de forma tão grave que a sanção penal se torne desnecessária", o que ressalta o caráter punitivo da pena[333].

---

[330] BRASIL. Superior Tribunal de Justiça. *Habeas corpus* n. 383.102/PR. Relator Ministro Sebastião Reis Júnior. Sexta Turma. Julgado em 14/3/2017. Disponibilizado no DJe de 22/3/2017.

[331] "*Em nossos dias, a pena é, antes de tudo e sobretudo, um instrumento de defesa social. A generalizada aceitação dêsse conceito constitui mesmo uma das vitórias mais importantes e mais líquidas da escola positiva... A pena deve ser proporcional, sim, mas não ao crime e sim à periculosidade do delinquente. Não estão excluídas as garantias individuais compatíveis com a necessidade de defesa social. A pena-defesa concilia, nessa base, a noção do conveniente e do eficaz com a noção relativa do justo, cujos limites, segundo o tempo o espaço, guardam a imagem jurídica da necessidade*" (LYRA, Roberto. Comentários ao Código Penal. Vol. II. Rio de Janeiro: Forense, 1942, p. 51-52)

[332] Ibid., p. 53.

[333] Nesse sentido, Guilherme de Souza Nucci (NUCCI, Guilherme de Souza. *Curso de direito penal*: parte geral. Rio de Janeiro: Forense, 2017, p. 630). Em sentido contrário, Oswaldo Henrique Duek Marques: "*Na legislação penal em vigor, existe a previsão de*

A prevenção geral positiva, que pode ser encontrada nos mais diversos tipos incriminadores, além do próprio artigo 59 do Código Penal, reafirma a proteção de bens jurídicos vitais e importantes pela sociedade, limitados pela culpabilidade do autor.

A intimidação da sociedade pode ser constatada em diversas legislações, como a Lei dos Crimes Hediondos (Lei n. 8.027, de 25 de julho de 1990) e tantos outros tipos penais criados no afogadilho, em face do Direito Penal de emergência, refletindo o caráter preventivo geral negativo da pena no direito brasileiro.

A prevenção especial positiva foi a opção do legislador brasileiro para a fase de cumprimento da pena, e a Lei de Execução Penal (Lei n. 7.210, de 11 de julho de 1984) estabelece a ressocialização em seus artigos 10 e 22, no que está em consonância com a Convenção Americana sobre Direitos Humanos (artigo 5°, 6).

Por fim, a intimidação ou segregação individual, espécie negativa de prevenção especial, pode perfeitamente ser exemplificada com a adoção do Regime Disciplinar Diferenciado, previsto na Lei n. 10.792, de 1 de dezembro de 2003, que alterou o artigo 52 da Lei de Execuções Penais. Não se trata de um novo regime de cumprimento de pena, mas sim de uma disciplina carcerária especial, caracterizada pelo maior grau de isolamento do preso e de restrições ao contato com o mundo exterior, ao qual poderão ser submetidos os condenados ou presos provisórios, por deliberação judicial[334].

---

perdão judicial, em casos de homicídio culposo e de lesão corporal culposa, segundo a qual o juiz pode deixar de aplicar a pena se as consequências da infração atingirem o agente de forma tão grave que a sanção se torne desnecessária (art. 121, § 5°, e art. 129, § 8°, ambos do Código Penal). Diante disso, poder-se-ia pensar, equivocadamente, que a finalidade da pena seria a de causar consequência grave para o agente; no entanto, na época de introduzir na legislação essa espécie de perdão judicial (1977), anterior à reforma da Parte Geral do Código, em 1984, não havia nenhuma previsão de finalidade preventiva para a pena, tampouco os princípios constitucionais consagrados pela Constituição de 1988, fundamentada na dignidade da pessoa humana. Por isso, a pena tinha finalidade exclusivamente de retribuição, baseada no mal do crime cometido pelo agente. Atualmente, por força do art. 59, da Nova Parte Geral do Código Penal (1984), em consonância com os princípios constitucionais vigentes, impõe-se uma releitura sobre a natureza jurídica do perdão judicial, que não pode mais ser interpretado a partir da finalidade retributiva da pena" (MARQUES, Oswaldo Henrique Duek. *Fundamentos da Pena*. 3. ed. São Paulo: WMF Martins Fontes, 2016, p. 186-187).

[334] Destina-se a presos que pratiquem fato previsto como crime doloso, quando ocasione subversão da ordem ou da disciplina interna; ou a presos provisórios ou condenados, nacionais ou estrangeiros, que apresentem alto risco para a ordem e a segurança do

Para Gustavo Octaviano Diniz Junqueira, a doutrina eclética aditiva, que apenas justapõe as três concepções, é absolutamente incompatível com os ditames de um Estado Democrático de Direito, ante a impossibilidade de sistematização, não havendo valor preponderante que possa guiar as reformas legislativas ou orientar a importância dos dados de realidade ou elementos normativos nos julgamentos[335]. Em consequência, a pena aplicada a determinado condenado pode ser completamente diferente daquela imposta a outro, que praticou o mesmo fato, sob as mesmas circunstâncias, porque o julgador deste entendeu que a pena no último caso deve ter fim preventivo geral, enquanto que o outro aplicador a entendeu como ressocializadora.

Oswaldo Henrique Duek Marques contesta a adoção pela legislação brasileira das finalidades retributiva e preventiva, porque, se interpretado o artigo 59 do Código Penal com os princípios constitucionais, especialmente o fundamento da dignidade da pessoa humana, "pode-se concluir que ficou estabelecida para a pena a teoria da prevenção geral, em sua versão limitada aos princípios constitucionais, de reforçar os valores contidos na norma penal"[336]. Referido dispositivo legal, ao prescrever os critérios da necessidade e suficiência "para reprovação e prevenção do crime", resguarda o princípio da intervenção mínima na esfera individual protegida pela Constituição Federal. Assim, "as medidas preventivas utilizadas no

---

estabelecimento penal ou da sociedade; ou, ainda, a presos provisórios ou os condenados, sobre os quais recaiam fundadas suspeitas de envolvimento ou participação, a qualquer título, em organizações criminosas, tais como quadrilha ou bando. Embora a autoridade administrativa possa colocar o reeducando preventivamente em isolamento, depende de decretação da medida pelo juiz da execução penal. Em consequência, a "sanção" a ser aplicada será o recolhimento, em cela individual, com um banho de sol diário de duas horas, por até 360 dias, sem comunicação com os demais presos, com direito a apenas uma visita semanal de dois adultos, por no máximo duas horas. Ainda, é autorizada a renovação da aplicação do regime, desde que praticada nova infração e que não supere o limite de um sexto da pena.

[335] Sobre as críticas ao sistema brasileiro, especialmente à ausência de um fim preponderante à pena no Brasil, remete-se ao indispensável estudo de Gustavo Octaviano Diniz Junqueira, para quem: "*A ausência de padronização das teorias e concepções sobre a finalidade da pena, longe de ser acidental e fruto de uma doutrina fragilizada, é vital para a manutenção do arbítrio (se não há um sentido, o detentor do poder escolhe o que quiser). E a concepção chamada mista aditiva, que justapõe tão-só as teorias acerca dos fins da pena – atualmente adotada no Brasil – longe de sanar qualquer problema específico das correntes, multiplica-os*". (JUNQUEIRA, Gustavo Octaviano Diniz. *Finalidades da pena*. Barueri: Manole, 2004, p. 133).

[336] MARQUES, Oswaldo Henrique Duek. *Fundamentos da Pena*. 3. ed. São Paulo: WMF Martins Fontes, 2016, p. 186-187.

Direito Penal, por atingirem a liberdade individual protegida constitucionalmente, apresentam uma relação dialética entre as exigências de *prevenção* e *reprovação* com as de preservação da liberdade"[337].

Ainda no entender do penalista brasileiro, a reprovação é erroneamente associada à ideia de retribuição, já que os termos não se confundem. Deve ser entendida segundo a moderna teoria da culpabilidade como medida da pena, razão pela qual o juízo de reprovabilidade deve ser determinado para prevenir novas condutas delituosas, considerando-se os elementos da culpabilidade da teoria finalista da ação[338].

Por seu turno, a prevenção a que alude o artigo 59 do Código Penal somente pode ser analisada em sua perspectiva geral positiva, tendo em vista que a geral negativa, por ter efeitos de ameaça e intimidação, seria contrária aos fundamentos da República Federativa do Brasil, estampados no artigo 1º da Constituição Federal, ou seja, "atentatórios à dignidade humana e contrária à moderna concepção de democracia"[339].

---

[337] Ibid, p. 187.
[338] Ibid., p. 188.
[339] Ibid.

CONCLUSÃO

Do exposto, extraem-se da presente pesquisa, em breve síntese, as seguintes conclusões:

I – A República Federativa do Brasil constitui-se em Estado Democrático de Direito e tem por fundamentos, entre outros, a dignidade da pessoa humana, que é princípio cogente e obriga a que todo o ordenamento jurídico a respeite, além de se constituir no denominador comum de todas as garantias e direitos fundamentais, apresentando funções limitadora e prestacional.

II – Na Constituição Federal se encontram resguardados os valores éticos considerados basilares e essenciais para o Estado Democrático de Direito, os quais são paradigmas na relação da Justiça Penal, resultando em princípios e garantias constitucionais que irão informar e orientar a aplicação do Direito Penal e do Direito Processual Penal, bem como estabelecer os limites de atuação do Estado.

III – Constata-se a internacionalização da Justiça Penal, inclusive com a criação de Tribunal Penal Internacional e percebe-se o surgimento de mandados de criminalização internacionais.

IV – O conhecimento da evolução histórica do direito penal, além de ser um estudo bastante interessante, é muito importante para entender o direito penal de hoje. Assim como se constata intensa evolução do direito penal do homem primitivo aos povos antigos, da vingança privada à vingança pública, percebe-se o mesmo fenômeno se repetir após o iluminismo. Ao longo de toda a idade média e absolutismo o homem desconheceu os direitos e garantias individuais e viu seu corpo ser objeto de instrumentalização, prestando-se a toda sorte de atrocidades.

V – Com Cesare Bonesana, o Marquês de Beccaria, inicia-se o período das escolas penais, que permitem entender a evolução do direito penal de hoje. A ressocialização do condenado, ligada à pedagogia educacional, passa a ser defendida especialmente a partir da segunda metade do século passado, entretanto, percebe-se que o fundo de castigo remanesce na punição.

VI – Na virada do novo milênio despertam interesses movimentos como a lei dos três crimes estadunidense (*"three strikes law"*) ou o direito penal do inimigo, os quais são exemplos de que o homem ainda divide as pessoas em grupos de pessoas que merecem (ou não) viver em sociedade.

VII – A cultura do medo associada à falácia de que o direito penal é o principal instrumento de controle social, implicam na utilização exacerbada da criminalização de comportamentos como solução para os problemas do cotidiano, mas que em face do apelo momentâneo é tido como sério e urgente. Com isso, o direito penal de emergência ganha destaque e o ordenamento jurídico penal perde em unidade e proporcionalidade.

VIII – A teoria absoluta ou retributiva encontra na proporcionalidade e no princípio da culpabilidade o seu fundamento. A reprovação ao comportamento de autores de crimes econômicos, com sua efetiva punição, parece ser uma preocupação da sociedade brasileira.

XIX – A teoria da prevenção geral dirige-se a toda a coletividade, com o objetivo de impedir a ocorrência de novos crimes, o que pode ocorrer pela intimidação ou pelo reforço da confiança da sociedade na validade e vigência de suas normas penais. Para a prevenção de crimes econômicos, modelos baseados no comportamento criminoso racional, como a teoria da Análise Econômica do Crime, apresentam maior possibilidade de êxito, uma vez que visam a desestimular a realização da conduta delituosa, pela certeza de que sua prática economicamente não compensa. O Estado deve, assim, adotar medidas que façam com que o resultado da análise do custo-benefício com a prática do crime seja negativo, pela diminuição do benefício com o ilícito, com o aumento da severidade da pena e/ou a probabilidade de sua aplicação ou, ainda, com o aumento dos custos de oportunidade.

XX – A teoria da prevenção especial busca prevenir novos comportamentos delitivos do autor do fato, o que pode ocorrer pela sua segregação ou sua ressocialização. O autor de um crime econômico precisa ser socializado, tendo em vista que essa característica não está relacionada à classe social a que pertença, mas ao agir dentro das expectativas sociais, respeitando as regras legitimamente impostas pela sociedade. A pena imposta ao autor de um crime econômico, além da simples inocuização ou segregação social, deve propiciar um programa mínimo de condições que lhe permita mudar o comportamento, passando a atuar em conformidade com o ordenamento jurídico.

XXI – O Brasil adotou a teoria unificadora ou eclética, em que a pena apresenta natureza mista, reprovando o crime e prevenindo infrações futuras.

BIBLIOGRAFIA

ANCEL, Marc. *A nova defesa social – um movimento de política criminal humanista*. Tradução do original da 2ª edição revista (1971) e notas por Osvaldo Melo, Rio de Janeiro: Forense, 1979.

ANTOLISEI, Francesco. *Manuale di diritto penale: parte generale*. Milano: Dott. A. Giuffrè, 1969.

ARAGÃO, Selma Regina. *Direitos humanos: do mundo antigo ao Brasil de todos*. 2ª ed. Rio de Janeiro: Forense, 1990.

ASÚA, Luis Jimenez de. *El criminalista*. Tomo IV. Buenos Aires: La Ley, 1944.

BECCARIA, Cesare Bonesana. *Dos delitos e das penas*. Tradução Paulo M. de Oliveira. Rio de Janeiro: Tecnoprint Gráfica Editora, 1980. (Coleção Clássicos de Ouro).

BECKER, Gary Stanley. Crime and Punishment: An Economic Approach. *Journal of Political Economy*, Chicago: The University of Chicago, v. 76, n. 2, p. 169-217, mar./abr., 1968.

BIANCHINI, Alice. *Pressupostos materiais mínimos da tutela penal*. São Paulo: Revista dos Tribunais, 2002.

BITENCOURT, Cezar Roberto. *Tratado de direito penal*: parte geral. 16. ed. Vol. 1. São Paulo: Saraiva, 2011.

_____. *Falência da pena de prisão*. São Paulo: Revista dos Tribunais, 1993.

CANOTILHO, José Joaquim Gomes. *Direito constitucional e teoria da Constituição*. 7. ed. Coimbra: Almedina, 2003.

_____. Justiça constitucional e justiça penal. *Revista Brasileira de Ciências Criminais*. São Paulo, v. 14, n. 58, p. 329-344, jan./fev., 2006.

CARRARA, Francesco. *Programa do curso de direito criminal*: parte geral. Vol. I. Tradução Ricardo Rodrigues Gama. Campinas: LZN, 2002.

_____. *Programa do curso de direito criminal*: parte geral. Vol. II. Tradução Ricardo Rodrigues Gama. Campinas: LZN, 2002.

COSTA, Álvaro Mayrink. *Direito Penal: parte geral*. Vol. 1. 8ª ed. Rio de Janeiro, Forense, 2009

DIAS, Jorge de Figueiredo. *Questões fundamentais do direito penal revisitadas*. São Paulo: Revista dos Tribunais, 1999.

DOTTI, René Ariel. O novo sistema de penas. In: *Reforma penal*. São Paulo: Saraiva, 1985.

ESTEFAM, André. *Direito penal*. 3. ed. Vol. 1. São Paulo: Saraiva, 2013.

FERNANDES, Antonio Scarance. O consenso na justiça penal. *Boletim IBCCrim*. São Paulo, v. 7, n. 83 esp., p.14-15, out., 1999.

FERRAJOLI, Luigi. "Emergenza penale e crisi della giurisdizione" *in Dei delitti e delle pene*. Napoles: Edizioni Scientifiche Italiane, 1984.

FERREIRA, Ivete Senise. "Visão do Direito Penal Moderno" *in Justiça Penal, 7: críticas e sugestões: proteção à vítima e à testemunha, comissões parlamentares de inquéritos, crimes de informática, trabalho infantil, TV e crime*. Coord. Jaques Camargo de Penteado. São Paulo: Revista dos Tribunais, 2000.

FEUERBACH, Paul Johann Anselm Ritter von. *Tratado de derecho penal común vigente en Alemania*. Tradução Eugenio Raúl Zaffaroni e Irma Hagemeier. Buenos Aires: Hammurabi, 2007.

FOUCAULT, Michel. *Vigiar e punir: nascimento da prisão*. 26ª ed. Trad. Raquel Ramalhete. Petrópolis: Vozes, 2002.

FLORIAN, Eugenio. *Trattato di diritto penale*. Vol. I. Milano: Dottor Francesco Vallardi s/d.

FRANCO, Alberto Silva; STOCO, Rui (Coord.). *Código penal e sua interpretação jurisprudencial*. 7. ed. Vol. I: parte geral. São Paulo: Revista dos Tribunais, 2001.

FREUD, Sigmund. *Totem e tabu e outros trabalhos*. Traduzido do alemão e do inglês sob a direção-geral de Jayme Salomão. Rio de Janeiro: Imago Editora, 1974.

FROESTAD, Jan; SHEARING, Clifford. Prática da Justiça: o Modelo Zwelethemba de Resolução de Conflitos. In: BASTOS, Márcio Thomaz; LOPES, Carlos; RENAULT, Sérgio Rabello Tamm. (Org.). *Justiça Restaurativa*: coletânea de artigos. Tradução Positive Idiomas. Brasília: MJ e PNUD, 2005. Disponível em: <www.justica21.org.br/interno.php?ativo=BIBLIOTECA>. Acesso em: 20 jul. 2017.

_____. *Conflict resolution in South Africa: a case study*. In: JOHNSTONE, Gerry; VAN NESS, Daniel W. (Coord.). *Handbook of restorative justice*. Londres e Nova Iorque: Routledge, edição Kindle, 2011, p. 534/555.

FURQUIM, Saulo Ramos. A justiça restaurativa e sua aplicabilidade no ordenamento jurídico brasileiro. *Revista Jurídica Luso-Brasileira*. Lisboa: Universidade de Lisboa, n. 2, p. 1899-1934, 2015.

GABBAY, Zvi D. Exploring the limits of the restorative justice paradigm: restorative justice and white-collar crime. Nova York: *Cardozo Journal of Conflict Resolution*. Nova York, v. 8, n. 2., p. 421-485, 2007.

GARCIA, Basileu. *Instituições de Direito Penal*. 2. ed. rev. e atual. Vol. I. Tomo I. São Paulo: Max Limonad, 1954.

GAUDREAULT, Arlène. The Limits of Restorative Justice. *Proceedings of the Symposium of the École Nationale de la Magistrature*. Paris: Édition Dalloz, 2005, p. 5. Disponível em: <http://www.victimsweek.gc.ca/symp-colloque/past-passe/2009/presentation/arlg_1.html>. Acesso em: 30 ago. 2017.

GLASSNER, Barry. *O Povo: Desconstruindo o medo*. Entrevista concedida ao Núcleo de Estudos da Violência da Universidade de São Paulo, 2008, disponível em http://www.nevusp.org/portugues/index.php?option=com_content&task=view&id=1495&Itemid=29. Acesso em: 19 jun. 2013.

GLOBAL ECONOMIC CRIME SURVEY 2016. *Adjusting the Lens of Economic Crime*. Disponível em: <www.pwc.com/crimesurvey>.

Acesso em: 25 jun. 2017.

GOMES, Mariângela Gama de Magalhães. *O tecnicismo jurídico e sua contribuição ao direito penal.* Revista Liberdades, São Paulo, n. 15, p. 178-191., jan./abr. 2014.

GOMES FILHO, Antônio Magalhães. *Presunção de inocência e prisão cautelar.* São Paulo: Saraiva, 1991.

GONZAGA, João Bernardino. *O direito penal indígena: à época do descobrimento do Brasil.* São Paulo: Max Limonad, s/d.

_____. *A inquisição em seu mundo.* 5. ed. São Paulo: Saraiva, 1993.

GRACIA MARTÍN, Luis, "Consideraciones críticas sobre el actualmente denominado 'Derecho penal del enemigo'". Revista Electrónica de Ciencia Penal y Criminología - RECPC, 07-02, 2005, disponível em http://criminet.ugr.es/recpc/07/recpc07-02.pdf.

GRECO, Luís. *Sobre o chamado Direito penal do inimigo.* Revista da Faculdade de Direito de Campos. Ano VI, n. 7, 2005.

GRECO, Rogério. *Curso de Direito Penal.* 16. ed. Rio de Janeiro: Impetus, 2014.

HASSEMER, Winfried. Fines de la pena en el derecho penal de orientación científico social. In: *Derecho Penal y Ciencias Sociales.* Tradução Maria Teresa Castiñeira. Barcelona: Bellaterra, 1982.

_____. *Critica al derecho penal de hoy.* Trad. Patricia S. Ziffer. 2ª ed., 1ª reimp. Buenos Aires: Ad-Hoc, 2003.

HEGEL, Georg Wilhelm Friedrich. *Princípios da filosofia do direito.* Tradução Orlando Vitorino. São Paulo: Martins Fontes, 1997.

HUNGRIA, Nelson. *Comentários ao Código Penal.* 4. ed. Vol. I. Tomo I. Rio de Janeiro: Forense, 1958.

JAKOBS, Günther. *Derecho* penal: parte general. Tradução Joaquin Cuello Contreras e Jose Luiz Serrano Gonzales de Murillo. Madrid: Marcial Pons, 1995.

_____. *Sobre la teoría de la pena.* Tradução Manuel Cancio Meliá. Bogotá: Universidad Externado de Colombia, 1998.

JAKOBS, Günther e CANCIO MELIÁ, Manuel. *Derecho Penal del enemigo*. Trad. Manuel Cancio Meliá. Madrid: Civitas, 2003.

JANOT, Rodrigo. *Crimes graves*: sem acordo de delação dos irmãos Batista, país seria ainda mais lesado. Publicação em: 23 maio 2017. Disponível em: <https://noticias.uol.com.br/politica/ultimas-noticias/2017/05/23/artigo-janot.htm?cmpid=copiaecola>. Acesso em: 30 ago. 2017.

JESUS, Damásio E. *Direito penal*. 30. ed. Vol. 1. São Paulo: Saraiva, 2009.

JUNQUEIRA, Gustavo Octaviano Diniz. *Finalidades da pena*. Barueri: Manole, 2004.

KANT, Immanuel. *A metafísica dos costumes*: contendo a doutrina do direito e a doutrina da virtude. Tradução Edson Bini. Bauro: Edipro, 2003.

KAZMIERCZAK, Luiz Fernando. "A formação do conceito de inimigo a partir dos mandados de criminalização" in *Direito penal avançado: homenagem ao professor Dirceu de Mello*. Coord. MORAES, Alexandre Rocha Almeida de e SANTORO, Luciano de Freitas. Curitiba: Juruá, 2015.

LIMA TORRADO, Jesús. "El problema del libre albedrío en el pensamiento de Dorado Montero" in *Doctrina penal: teoría y práctica en las ciencias penales*. Ano 1, nºs. 1 a 4, Buenos Aires: Depalma, 1978.

LUISI, Luiz. *Os princípios penais constitucionais*. Porto Alegre: Sergio Antônio Fabris, 1991.

LYRA, Roberto. *Comentários ao Código Penal*. Vol. II. Rio de Janeiro: Forense, 1942.

MARQUES, José Frederico. Os princípios constitucionais da justiça penal. In: _____. *Estudos de Direito Processual Penal*. 2. ed. Campinas: Millenium, 2001.

_____. *Tratado de Direito Penal*. Vol. I. São Paulo: Saraiva, 1964.

MARQUES, Oswaldo Henrique Duek. *Fundamentos da Pena*. 3. ed. São Paulo: WMF Martins Fontes, 2016.

MELIÁ, Manuel Cancio. "¿'Derecho penal' del enemigo?" *in Derecho penal del enemigo*. Madri: Civitas, 2003.

MELLO, Dirceu de. "Violência no mundo de hoje" *in Tratado luso-brasileiro da dignidade humana*. São Paulo: Quartier latin, 2009.

MERKEL, Adolf. *Derecho penal*: parte general. Tradução Pedro Dorado Montero. Montevidéu: B de F, 2006.

MINGUIJÓN, Ana Martín. *Digesto: una auténtica obra legislativa*. Madrid: Dykinson, 2013.

MOCCIA, Sergio. *La perenne emergenza*. Napoles: Edizioni Scientifiche Italiane, 1997.

_____. *Entrevista: Sergio Moccia concedida a Ana Paula Zomer Sica*. IPAN - Instituto Panamericano de Política Criminal, p. 02. Disponível em http://www.ipan.org.br/arquivos/artigos/ Entrevista%20Moccia.pdf.

MORAES, Alexandre Rocha Almeida de. *Direito penal racional*: propostas para a construção de uma teoria da legislação e para uma atuação criminal preventiva. Curitiba: Juruá, 2016.

_____. *A terceira velocidade do direito penal: o 'direito penal do inimigo'*. Dissertação de mestrado. Pontifícia Universidade Católica de São Paulo, 2006.

MUÑOZ CONDE, Francisco. *De nuevo sobre el 'Derecho penal del enemigo'*. Revista Penal, n. 16, 2005, disponível em http://www.uhu.es/revistapenal/index.php/penal/article/view/255/245.

NORONHA, E. Magalhães. *Direito Penal*. Vol. 1, atual. por Adalberto José Q. T. de Camargo Aranha, São Paulo: Saraiva, 1999.

_____. *O tecnicismo jurídico-penal*. Revista Brasileira de Criminologia e Direito Penal, Rio de Janeiro, v. 1, n. 1, p. 103., abr./jun. 1963.

NUCCI, Guilherme de Souza. *Curso de direito penal*: parte geral. Rio de Janeiro: Forense, 2017.

NUNES, Luiz Antônio Rizzato. *O princípio constitucional da dignidade da pessoa humana*. São Paulo: Saraiva, 2002.

OLIVER, Alison. The Economics of Crime: An Analysis of Crime Rates in America. *The Park Place Economist*. Bloomington: Illinois Wesleyan University, v. 10, 2002. Disponível em: <http://digitalcommons.iwu.edu/cgi/viewcontent.cgi?article=1171&context=parkplace>. Acesso em: 27 set. 2017.

ORWELL, George. Nineteen Eighty-Four. Londres: Secker and Warburg, 1949.

PATRÍCIO, Miguel. A análise econômica do crime: uma breve introdução. *Revista Jurídica Luso Brasileira*. Lisboa: Faculdade de Direito da Universidade de Lisboa, n. 1, p. 157-175, 2015.

PENTEADO, Jaques Camargo. A dignidade humana e a justiça penal. In: MIRANDA, Jorge; SILVA, Marco Antônio Marques da. (Coord.). *Tratado luso-brasileiro da dignidade humana*. 2. ed. São Paulo: Quartier Latin, 2009.PESQUISA GLOBAL SOBRE CRIMES ECONÔMICOS 2016. Disponível em: <http://www.pwc.com.br/pt/publicacoes/servicos/assets/consultoria-negocios/2016/pwc-gecs-pt-16.pdf>. Acesso em: 26 jun. 2017.

PLATÃO. Górgias. Tradução: Carlos Alberto Nunes. Disponível em http://www.dominiopublico.gov.br/pesquisa/DetalheObraForm.do?select_action=&co_obra=2264.

POLAINO NAVARRETE, Miguel. *Derecho penal*: parte general. Tomo I. Barcelona: Bosch, 1984.

POSNER, Richard. *Economic Analysis of Law*. New York: Aspen, 2003.

PRADO, Luís Regis. *Curso de direito penal brasileiro*. 5. ed. Vol. 1. São Paulo: Revista dos Tribunais, 2005.

PRINS, Adolphe. *La défense sociale et les transformations du droit penal*. Bruxelas: Misch et Thron, 1910, disponível em http://gallica.bnf.fr/ark:/12148/bpt6k58219746/f1.image.r=.langEN.

RIVACOBA Y RIVACOBA, Manuel. Franz von Lizst y el Programa de Marburgo. In: *La idea de fin en el derecho penal*. Valparaíso:

Edeval, 1984.

ROCCO, Arturo. *Cinco estudios sobre derecho penal*. Buenos Aires: Julio César Faira, 2003.

RODAS, João Grandino. Tribunal Penal Internacional a entrega de nacionais. In: *Tratado luso-brasileiro da dignidade humana*. São Paulo: Quartier Latin, 2009.

ROSSI, Pellegrino. *Trattato di diritto penale*. Torino: Tipografia di Gaetano Bozza, 1859.

ROXIN, Claus. *Problemas fundamentais de direito penal*. 3. ed. Tradução Ana Paula dos Santos Luís Natscheradetz. Lisboa: Veja, 1998.

SANTORO, Luciano de Freitas. *Morte digna*: o direito do paciente terminal. 1. ed. 2. reimpr. Curitiba: Juruá, 2012.

_____. "Three strikes law" in *Direito penal avançado: homenagem ao professor Dirceu de Mello*. Coord. MORAES, Alexandre Rocha Almeida de e SANTORO, Luciano de Freitas. Curitiba: Juruá, 2015.

SARLET, Ingo Wolfgang. As dimensões da dignidade da pessoa humana: uma compreensão jurídico-constitucional aberta e compatível com os desafios da biotecnologia. In: SARMENTO, Daniel; PIOVESAN, Flávia. (Org.). *Nos limites da vida*: aborto, clonagem humana e eutanásia sob a perspectiva dos direitos humanos. Rio de Janeiro: Lumen Juris, 2007.

_____. *Dignidade da pessoa humana e direitos fundamentais na Constituição Federal de 1988*. 4. ed. Porto Alegre: Livraria do Advogado, 2006.

SCHMIDT, Andrei Zenkner. *O princípio da legalidade no estado democrático de direito*. Porto Alegre: Livraria do Advogado, 2001.

SICA, Leonardo. *Direito penal de emergência e alternativas à prisão*. São Paulo: Revista dos Tribunais, 2002.

SILVA, De Plácido e. *Vocabulário jurídico*. 4. ed. Rio de Janeiro: Forense, 1975.

SILVA, Marco Antônio Marques da. *Acesso à justiça penal e estado democrático de direito*. São Paulo: Juarez de Oliveira, 2001.

STEINER, Sylvia. Um balanço positivo: dez anos do Tribunal Penal Internacional. *Boletim IBCCRIM*, São Paulo, v. 20, n. 235, jun. 2012, p. 4-6.

TAVARES, Juarez. *Teoria do injusto penal*. Belo Horizonte: Del Rey, 2000.

TOLEDO, Francisco de Assis. *Princípios básicos de direito penal*. 5. ed. São Paulo: Saraiva, 2002.

VELÁSQUEZ V, Fernando. *Derecho penal: parte general*, Tomo I. Santiago: Editorial jurídica de Chile, 2011.

VILADÀS JENÉ, Carles. La delincuencia económica. In: BERGALLI, Roberto e BUSTOS RAMÍREZ, Juan. (Coord.). El pensamiento criminológico. Vol. II: *Estado y control*. Bogotá: Temis, 1983, p. 238.

VON LISZT, Franz. *La idea de fin en el derecho penal*. Valparaíso: Edeval, 1984.

WALSH, Jennifer Edwards. *Three strikes law: historical guides to controversial issues in America*. Westport: Greenwood Press, 2007.

WELZEL, Hans. *Derecho penal*: parte general. Tradução Carlos Fontán Balestra. Buenos Aires: Roque Depalma, 1956.

ZAFFARONI, Raul. "Buscando o inimigo: de satã ao direito penal cool" in *Criminologia e Subjetividade*. Org.: MENEGAT, Marildo e NERI, Regina. Rio de Janeiro: Lumen Júris, 2005.

ZAFFARONI, Raul; BATISTA, Nilo et al. *Direito Penal Brasileiro*. 3. ed. Vol. I. Rio de Janeiro: Revan, 2006.

ZAFFARONI, Eugenio Raul e PIERANGELI, José Henrique. *Manual de direito penal brasileiro*. Parte Geral, 3ª ed. rev. e atual. São Paulo: Revista dos Tribunais, 2001.

www.ingramcontent.com/pod-product-compliance
Lightning Source LLC
Chambersburg PA
CBHW060845220526
45466CB00003B/1249